RONALDO JOSÉ DE SOUSA

# O DISCÍPULO AMADO

*Autoconhecimento a partir
da experiência de Deus*

*Edição revista
e atualizada*

DIRETOR EDITORIAL:
Marcelo C. Araújo

EDITORES:
Avelino Grassi
Márcio F. dos Anjos

COORDENAÇÃO EDITORIAL:
Ana Lúcia de Castro Leite

REVISÃO:
Bruna Marzullo

DIAGRAMAÇÃO:
Juliano de Sousa Cervelin

CAPA:
Tiago Mariano da Conceição

---

**Dados Internacionais de Catalogação na Publicação (CIP)**
**(Câmara Brasileira do Livro, SP, Brasil)**

---

Sousa, Ronaldo José de
    O discípulo amado: autoconhecimento a partir da experiência de Deus / Ronaldo José de Sousa. – Aparecida, SP: Editora Santuário, 2009.

    Bibliografia
    ISBN 978-85-369-0169-5

    1. Autoconhecimento – Teoria 2. Deus – Conhecimento 3. Espiritualidade 4. Liberdade 5. Maturidade (Psicologia) 6. Vida espiritual I. Título.

09-05491                                                                                                   CDD-248.4

---

**Índices para catálogo sistemático:**

1. Encontro de reflexão e vivência: Vida
espiritual: Cristianismo 248.4

5ª impressão

Todos os direitos reservados à **EDITORA SANTUÁRIO** – 2020

Rua Pe. Claro Monteiro, 342 – 12570-000 – Aparecida-SP
Tel.: 12 3104-2000 – Televendas: 0800 - 0 16 00 04
www.editorasantuario.com.br
vendas@editorasantuario.com.br

# SUMÁRIO

**Introdução**
A busca pelo autoconhecimento – 5

**1**
**Deus é amor: o conhecimento de Deus segundo São João** – 15
    Introdução – 15
    Deus é amor – 18
    No seio da Trindade – 25
    Conclusão – 29

**2**
**O discípulo amado: autoconhecimento a partir da experiência de Deus** – 31
    Introdução – 31
    O discípulo amado – 31
    O que Jesus disse de si mesmo – 39
    Conclusão – 46

**3**
**O filho reencontrado: o retorno para Deus e para si mesmo** – 49
    Introdução – 49
    O filho reencontrado – 50
    A misericórdia de Deus – 56
    Conclusão – 60

**4**
**Ele é teu irmão: autoconhecimento e relação interpessoal** – 61
    O outro: possibilidade concreta de amar a Deus – 61
    Ele é teu irmão – 67
    Autoconhecimento e relação interpessoal – 72

**5**
**Tudo está consumado: realização do eu na perspectiva do amor** – 77
    Desça agora da cruz, para que vejamos – 77
    Tudo está consumado – 81
    Sede meus imitadores – 89

**Considerações finais**
**Somente o amor é capaz de restituir o homem a si próprio** – 101

**Apêndice**
**Chamei-vos amigos: vida fraterna e amizade cristã** – 109
    O fundamento da vida fraterna – 109
    A amizade cristã – 118

**Bibliografia** – 125

# INTRODUÇÃO

## A busca pelo autoconhecimento

Por que se fala tanto em autoconhecimento nos dias atuais? Esse assunto não constava nas pautas das discussões de um passado recente. Mas, a partir de um determinado momento, adquiriu status de tema importante, sendo objeto de literatura, palestras e debates, tanto nos ambientes religiosos quanto nos seculares. Por que isso aconteceu?

No passado, os indivíduos adquiriam da sociedade a referência do "dever ser", ou seja, um fundamento sobre o qual cada um firmava sua identidade pessoal. Apesar de exercer relativa coação sobre as pessoas, bem ou mal, isso proporcionava à maioria delas um "projeto identitário", absorvido por meio da socialização, que lhes servia de base para o modo como se reconheciam a si mesmas.

As mudanças recentes forjaram um ambiente cultural caracterizado por uma excessiva fragmentação e descentração do sujeito.[1] Dessa maneira, pleiteia-se que a identidade pessoal, an-

---

[1] É muito difícil situar historicamente as mudanças culturais, pois elas variam conforme o lugar e as circunstâncias; porém, de maneira geral, pode-se dizer que esse novo quadro cultural começou a ser tecido a partir da segunda metade do século XX.

tes buscada no modelo dado pela sociedade – pelo menos em sua estrutura fundamental –, seja agora definida pelos próprios indivíduos, a partir de suas convicções pessoais e baseada nas múltiplas possibilidades que lhes são oferecidas e legitimadas socialmente. É uma tendência da sociedade atual transferir para o indivíduo a concepção de seu projeto identitário.

Dessa forma, se, por um lado, o modelo antigo reprimia as individualidades, a proposição atual coloca as pessoas numa situação de *autonomia radical* que, via de regra, provoca indefinições, trânsito ideológico ou perda do senso de compromisso duradouro. Em outras palavras, os indivíduos não dispõem dos elementos fundantes necessários para a edificação de sua identidade e se tornam vítimas dessa imprecisão. Parece mais ou menos evidente que uma personalidade construída somente a partir de si mesmo, ou seja, do que a pessoa pode efetivamente decidir ser, tem se revelado ilusória, sendo esse elemento insuficiente para dar ao indivíduo uma identidade concreta e estabilizada. Ao querer ser radicalmente ela mesma, a pessoa acaba não sendo nada (ou ninguém).

É por causa disso que, contemporaneamente, fala-se tanto de autoconhecimento, algo incomum até pouco tempo atrás. Em todo lugar, discute-se a necessidade que tem o ser humano de conhecer-se. Isso é um indicativo da intensidade com que as pessoas sentem-se indefinidas em sua própria identidade: o homem está longe dele mesmo e por isso se procura, ou seja: os indivíduos buscam aquilo que a sociedade lhes nega.

Essa busca não deixa de ser legítima. Conhecer-se a si mesmo é, realmente, uma necessidade. Entretanto, a maneira como isso tem sido feito é preocupante. A meu ver, os caminhos propostos são perigosamente egoísticos, conduzindo as pessoas a se fecharem em si mesmas, longe da relação com o outro semelhante e com o transcendente. Trata-se de um autoconhecimento excessivamente centrado em si, que dispensa o homem daquela tensão própria de sua natureza conflitiva e, portanto, neutraliza a dinâmica da transformação pessoal. A propensão atual é conhecer-se por conhecer-se. Quando muito, para aceitar-se. A pessoa adota uma postura de "eu sou assim mesmo, vocês têm que me aceitar como eu sou". E às vezes ela é insuportável.

Outra tendência – mais presente no campo da religião – é a de conceber o autoconhecimento como fator necessário para conhecer a Deus. Segundo essa compreensão, o indivíduo não teria a possibilidade de penetrar no conhecimento de Deus se não obtivesse uma visão precisa a respeito de si mesmo. Essa concepção está presente, ainda que implicitamente, no pensamento de alguns mestres da espiritualidade atual.

É verdade que o autoconhecimento diminui o risco de uma espiritualidade ilusória, edificada sobre concepções demasiadamente abstratas a respeito de Deus, pois esse entendimento pode estar sendo condicionado pelas nuances de uma individualidade confusa ou de uma suposta santidade que, mais cedo ou mais tarde, revelar-se-á inconsistente.

A indicação de que "ao conhecimento de Deus só podemos chegar através do próprio conhecimento"[2] é extraída da Patrística. Entretanto, os Padres parecem chamar a atenção para dois aspectos desse processo relacional: o primeiro é que, sendo a imagem de Deus, o homem pode reconhecer em si os traços de seu Criador; o segundo é que o caminho espiritual passa pela percepção da própria condição de pecador, acompanhada do reconhecimento da grandeza e santidade de Deus e, sobretudo, do arrependimento: "O verdadeiro autoconhecimento é ver claramente todos os erros e fraquezas, ver que são em número tão grande que tudo preenchem. Toda oração verdadeira é acompanhada por um doloroso autoconhecimento perpassado de arrependimento".[3]

A primeira proposição assinala a via antropológica para o conhecimento de Deus, nada mais do que isso.[4] Essa via é um pouco mais clara do que o acesso que se faz cosmologicamente, mas está também condicionada pelos limites de tal possibilidade de revelação. Isso porque a constituição do ser humano diz muito de Deus, mas não se pode esquecer de que a imagem do homem foi distorcida pelo pecado. A via antropológica, portanto, não conduz àquela revelação plena, exarada não quando Deus fez o homem a sua imagem, mas quando Deus *se fez imagem* do homem. Para mim está claro que a Encarnação do Verbo diz mais a respeito de Deus e da

---

[2] Anselm Grün, *Oração e autoconhecimento*, p. 13.
[3] Herzensgebet apud Anselm Grün, *Oração e autoconhecimento*, p. 26-27.
[4] Cf. *Catecismo da Igreja Católica* n. 33.

pessoa humana do que a criação: "Cristo, o Filho de Deus feito homem, é a Palavra única, perfeita e insuperável do Pai. Nele o Pai disse tudo".[5]

Isso remete para a segunda proposição dos Padres, que também se reveste de particular interesse. Para eles, o autoconhecimento é a descoberta das fraquezas e tendências más que precisam ser abandonadas ou purificadas, para tornar possível a relação autêntica com Deus. Indubitavelmente, esse caminho conduz a progressos espirituais significativos. Entretanto, não se pode esquecer que o pecado é *uma distorção* do ser humano. Por isso, conhecer o próprio pecado pode levar ao conhecimento de si somente a partir daquilo que o homem *não é* originalmente. Se o pecado fosse elemento constitutivo do ser humano, o Verbo o teria assumido, assim como assumiu a sua natureza limitada.[6]

Além disso, se essa proposição não for traduzida claramente, pode induzir pessoas sinceras a uma busca frenética pelo conhecimento dos próprios defeitos que poderá, no fim das contas, transformar-se num estado interior de frustração e nostalgia espiritual, pois essas pessoas estarão concentradas predominantemente na fealdade, e não na beleza ontológica de que são portadoras.[7] Já tenho visto alguns sinais dessa deformidade conceitual, fruto da influência de

---

[5] Ibid., n. 65.
[6] O ser humano é originalmente limitado, o que não significa que peca desde o princípio.
[7] Postura essa em relação a si mesmo que, quiçá, será assumida também em relação às outras pessoas.

um discurso que começa a se acomodar nos ambientes cristãos contemporâneos. É necessário lembrar que encarar a própria indignidade sem confrontá-la com a graça da salvação pode ser insuportável e conduzir, inclusive, a desequilíbrios psicológicos.

O pecado não exprime o homem em sua totalidade. A relação do homem com Deus deve estar fundamentada no amor. É bem verdade que o reconhecimento de que se é amado depende em grande medida da aceitação da própria pusilanimidade; mas não é ela que deve ocupar o lugar central, pois Deus amaria o homem ainda que ele não fosse miserável. O pecado realça o amor, mas não o determina.

Alguns autores consideram que "não podemos dizer que coisa ocorre por primeiro: se o encontro consigo mesmo como condição para o encontro com Deus ou o encontro com Deus como condição para o encontro consigo mesmo".[8] Na aplicação que proponho, o dilema posto se resolve, pois aponto para uma espécie de *via ontológica* que, inevitavelmente, deve *partir* do conhecimento de Deus. As vias cosmológica e antropológica não oferecem nem o conhecimento de Deus e nem o autoconhecimento em sua face mais plena. Ainda que se possam adquirir sinais da divindade por meio da observação dessas duas dimensões (cosmologia e antropologia), somente Jesus revela Deus e, por causa da união hipostática, manifesta também quem é a pessoa humana. É esse caminho que estou sugerindo.

---

[8] Anselm Grün, *A oração como encontro*, p. 31.

Estou também alertando para o seguinte: otimizada, a visão de que é necessário o autoconhecimento para se chegar ao conhecimento de Deus faz uma inversão, pois supõe a percepção do relativo para que o absoluto seja revelado. Ora, é Deus quem se revela primeiramente. As questões existenciais do ser humano só são resolvidas à luz dessa revelação. Como, então, propor o caminho inverso? Na realidade, *é o conhecimento de Deus que outorga ao homem o conhecimento de si mesmo*. Não é o contrário. Porque Deus é que é a plenitude da pessoalidade: "Eu sou aquele que é" (Êx 3,14).

Esta é a primeira proposição deste livro: o caminho mais seguro para o autoconhecimento é a experiência de Deus. É ela que dá ao homem o conhecimento de si mesmo. Experiência que envolve todo o ser: vontade, sentimentos, intelecto. Talvez até o próprio corpo. Experiência que pode se processar de modo gradativo, mas que tende a progredir e amadurecer. Experiência que, aqui, é sinônimo de conhecimento: de Deus e, a partir dele, de si mesmo.

Daí a necessidade de, aqui, antes de dizer qualquer coisa a respeito da natureza ou da funcionalidade do ser humano, esclarecer quem é Deus.[9] Conhecer a Deus é prioritário nesse processo de autoconhecimento. Exerce primado. Sem isso, o

---

[9] Diria até que em nenhum momento eu fale sobre aspectos funcionais da pessoa, pois minha proposta não é ajudar a compreender *psicologicamente* a identidade pessoal, mas aquilo que está no cerne *existencial* de cada ser humano, especialmente daqueles que adotam o cristianismo como religião de referência.

homem não chega a lugar nenhum, muito menos ao reencontro com sua identidade perdida.

Por causa disso é que inicio minha reflexão pela pergunta: "Quem é Deus?" E discuto no primeiro capítulo aquilo que considero a expressão mais acertada sobre Deus presente nas Sagradas Escrituras: "Deus é amor" (1Jo 4,8). É a partir dela e do entendimento a respeito de seu conteúdo que construo o processo de autoconhecimento que alvitro. O segundo capítulo é depreendido do primeiro, esclareço que o cerne ontológico do ser humano é "ser amado", uma vez que Deus é amor.

O raciocínio de ambos segue a lógica presente nos escritos joaninos, especialmente o conteúdo da Primeira Carta e do Evangelho. Minha aplicação só faz sentido caso se admita que o autor desses dois livros seja a mesma pessoa, ainda que não seja *o apóstolo* João. De fato, não há como deixar de ver certa unidade de estilo entre esses escritos, como por exemplo a presença de um dualismo radical e dramático e o uso do termo "mundo" com conotação negativa (cf. 1Jo 1,4-5).[10] Creio que essa unidade já qualifica como pertinente a relação que faço entre os dois conteúdos.[11]

Sigo também a proposição tradicional segundo a qual o autor do quarto evangelho é aquele que se reclinou ao peito de Jesus na última ceia e que se autodenominava "o discípulo

---

[10] Cf. *Bíblia do Peregrino*, p. 2546.
[11] De qualquer modo, a autoria da epístola e do evangelho é reconhecida unanimemente pelos testemunhos antigos como sendo do apóstolo João (cf. *Bíblia – Tradução Ecumênica*, p. 2400).

que Jesus amava" (cf. Jo 13,3; 21,24). Já no fim do século II, Santo Irineu foi explícito quanto à identificação desse personagem com o apóstolo João: "Em seguida, João, o discípulo do Senhor, o mesmo que repousou sobre seu peito, publicou também um evangelho, durante sua estada em Éfeso".[12] O testemunho de Irineu é confirmado pelo Cânon de Muratori, Polícrates de Éfeso, Clemente de Alexandria, Tertuliano e Orígenes.[13] A despeito de outras interpretações possíveis quanto a isso, acredito que seguir a tradição não significa ser anticientífico ou pleitear uma aplicação que não se sustenta.

Se Deus é amor, o homem é *amado*. E se, contemporaneamente, este busca conhecer-se, ou seja, procura sua identidade perdida, a maneira mais concreta de reencontrá-la é voltando para Deus, fazendo de novo a experiência com Ele. Por causa disso é que, no terceiro capítulo, trato do *retorno* apresentado por Jesus na parábola do filho reencontrado (Lc 15,11-32). A partir desse conhecido texto bíblico, discorro sobre o modo como o relacionamento entre Deus e o homem se refaz: por meio da misericórdia daquele.

O quarto capítulo talvez seja o mais desafiador. Após caracterizar o amor como sendo uma atitude de rebaixamento, uma questão emerge: como pode, então, o homem amar a Deus, já que o relativo não pode se rebaixar na direção do absoluto? É então que se apresenta a solução joanina do amor ao próximo. Ainda que a Encarnação em si mesma tenha

---

[12] Cf. *Bíblia – Tradução Ecumênica*, p. 2043.
[13] Cf. Jean-Yves LELOUP, *O evangelho de João*, p. 22.

tornado possível o esvaziamento na direção do Absoluto, pois através dela este se relativizou, é no amor ao outro relativo que se encontra a possibilidade mais concreta de amar a Deus. O próximo torna-se, portanto, via da experiência de Deus e do autoconhecimento, que se dá na interpessoalidade.

Por fim, encaro uma dúvida que, conquanto já existente no pensamento moderno, emerge com mais clareza a partir do itinerário proposto: sendo o amor um "sair de si", como é possível que o ser humano realize-se como pessoa a partir dele, ou seja, de uma atitude-tipo que, em princípio, significaria uma negação de si? Procuro responder a essa questão apontando para a vida de Cristo e para o modo como ele exprimiu a realização do eu que experimentou como homem. Outras perguntas que surgem inevitavelmente das premissas fundamentais estabelecidas aqui são enfrentadas nas considerações finais.

Devo alertar os leitores que minhas proposições são frutos de uma simples e intensa leitura orante da Bíblia e não seguem o rigor de nenhum método teológico. Do que será dito adiante, nada há que não esteja de algum modo presente na Escritura. Portanto, não se trata de nenhuma grande novidade, mas apenas de uma explicitação da única revelação a respeito de Deus contida nos textos sagrados, notadamente nos ensinamentos de São João Evangelista. Pois, "embora a Revelação esteja terminada, não está explicitada por completo; caberá à fé cristã captar gradualmente todo o seu alcance ao longo dos séculos".[14]

---

[14] *Catecismo da Igreja Católica*, n. 66.

# 1

## DEUS É AMOR

## O CONHECIMENTO DE DEUS SEGUNDO SÃO JOÃO

**Introdução**

Conforme já observei, o conhecimento de Deus é essencial e prioritário para que se estabeleça um processo de autoconhecimento. Em dezembro de 2005, enquanto preparava umas palestras, fui induzido – quiçá pelo Espírito Santo – a buscar esse conhecimento por meio dos escritos de São João Evangelista. Por que propor o conhecimento de Deus a partir de João? Por dois motivos:

- Primeiro porque ele aplicou-se em conhecer a Deus desde jovem.

João foi um dos primeiros discípulos de Jesus (cf. Mc 1,14-20) e esteve presente em vários dos momentos mais importantes da vida do Mestre: a pesca milagrosa (Lc 5,1-11), a cura da filha de Jairo (Mc 5,35-37), a transfiguração (Mt 17,1-13), a última ceia (Mc 14,12-25), a crucifixão (Jo 19,25-27) e a ressurreição (Jo 20,1-10). Dos discípulos todos, só ele estava no Calvário quando da morte de Jesus. De um grupo de sete que avistou o Senhor após sua ressurreição, João foi o primeiro a reconhecê-lo (cf. Jo 21,1-7).

Um gesto desse apóstolo é marcante até hoje: durante a última ceia, ele reclinou a cabeça no peito de Jesus (cf. Jo 13,23).[15] Ao contrário de algumas aplicações que já vi sendo feitas, penso que ele não se reclinou para descansar, mas para *conhecer*. Isso parece se evidenciar no próprio contexto da cena, pois João pergunta algo que só Jesus sabia e podia responder (cf. Jo 13,25). Tanto a pergunta quanto a resposta parecem não ter sido compreendidas pelos demais discípulos (cf. Jo 13,28-29).

- Em segundo lugar, porque na Bíblia João revela-se uma pessoa humana como outra qualquer.

Na pregação cristã, a figura de São João foi mitificada até certo ponto. Talvez por causa do teor de seus escritos e da própria comparação que fizeram dele com uma águia, sua imagem é a de uma pessoa mística, profunda e absolutamente santa. Quando leio a Bíblia, não me parece que seja essa a realidade, pelo menos não em todas as suas facetas.

João quis ser maior do que os outros discípulos e sentar-se à direita de Jesus junto com seu irmão Tiago (cf. Mc 10,35-37). Foi uma atitude de orgulho e presunção duramente criticada por Jesus e que causou uma grande celeuma no grupo dos

---

[15] A propósito da identificação desse personagem como João Evangelista, conferir a introdução.

discípulos (cf. Mc 10,41-45). Noutra ocasião, ele tentou impedir que alguns homens fizessem milagres, porque estes não pertenciam ao grupo dos que andavam com Jesus (cf. Lc 9,49-50). Atitude egoísta e sectária, tentação ridícula de controlar a ação de Deus sob pretexto de comunhão. Nesse sentido, algumas posturas eclesiais de hoje em dia são bem joaninas.

Em alguns momentos, os textos bíblicos revelam que João tinha um zelo sem discernimento. Isso aparece, por exemplo, no episódio em que ele quis lançar fogo sobre a povoação que não acolheu Jesus, num ímpeto de entusiasmo agressivo e em discordância com o pensamento do Mestre (cf. Lc 9,51-56).

O evangelho de João também deixa transparecer uma rixa pessoal que este tinha com Judas. Basta perceber a diferença de visão entre seu escrito e os dos outros evangelistas para os mesmos episódios que envolvem o traidor. No jantar em Betânia, Mateus indica que *todos* os discípulos ficaram indignados com o gesto da mulher que derramou o perfume em Jesus (cf. Mt 26,6-13). Para Marcos, são *alguns* (cf. Mc 14,4). Para João, *é Judas* que protesta (cf. Jo 12,4). Ele ainda aproveita para caracterizar o Iscariotes como ladrão e desinteressado pelos pobres (cf. Jo 12,6).[16]

Mais adiante, é o próprio Satanás que entra em Judas e sua atuação é durante a noite (cf. Jo 13,27.30). É também João que cita, a seu modo, o Sl 41,10, aplicando-o à deslealdade do traidor, "quando não se pode invocar nenhum texto do Antigo Testamento que trate, falando com propriedade, da traição do Filho do

---

[16] A não ser que essas especificidades sejam apontadas por João devido a sua maior capacidade de percepção espiritual, coisa a respeito da qual eu mesmo me questiono.

Homem".[17] Talvez não seja por acaso que João tenha colocado na boca de Jesus a expressão "um de vós é um demônio", acrescentando sobre isso que o Mestre se referia a Judas (cf. Jo 6,70-71).

Minha intenção aqui não é desprestigiar São João.[18] Não há dúvidas de que ele foi um grande discípulo. Mas intento desmistificar certas aplicações que induzem a crer que o conhecimento profundo de Deus é alguma coisa que está ao alcance apenas de alguns homens especiais que se emanciparam desde cedo de suas paixões e de sua própria humanidade. João foi uma pessoa comum, no sentido de que não reunia qualidades *a priori* para penetrar no conhecimento de Deus. Nem Jesus exigiu tais qualidades para torná-lo seu discípulo. Foi no decorrer das atitudes humanas de João que Jesus ensinou e revelou quem é Deus. E João aprendeu direitinho. Ele foi *alguém como qualquer pessoa, que penetrou no mistério de Deus como tantos e que o demonstrou como ninguém*.

### Deus é amor

O que está presente nos escritos de São João que faz dele aquele que melhor conceituou Deus? João traz a afirmação mais contundente e precisa a respeito de Deus presente nas Escrituras: "Deus é amor" (cf. 1Jo 4,8). De todas as coisas que esse apóstolo

---

[17] *Bíblia – Tradução Ecumênica*, p. 1954.
[18] Muito menos reputar Judas.

escreveu sobre Deus nos cinco livros canônicos de sua autoria, a maioria dos estudiosos concorda que a mais importante e acertada delas é essa. "Deus é amor" é a melhor definição acerca de Deus que pode ser encontrada.

Entretanto, para entender o significado dessa expressão, é necessário esclarecer *o que é o amor*. Isso é de fundamental importância, sobretudo nos dias atuais, em que o conceito de amor está bastante confuso. No mundo de hoje, um homem abandona sua família supostamente por amor. O amor também serve para justificar a traição, o desamparo de filhos e até coisas mais graves como aborto e eutanásia. "Quem pode negar – afirma João Paulo II – que a nossa seja uma época de grande crise, que se exprime sobretudo como profunda crise da 'verdade'? Crise da verdade significa, em primeiro lugar, crise de conceitos."[19]

Já li e escutei muitos comentários sobre o amor de Deus, mas nenhum deles me esclareceu o que é o amor. Não de maneira precisa, como se exige que seja um conceito. Fala-se que o amor de Deus é pessoal, incondicional, eterno. São qualificativos. Não dizem o que *é* o amor. Eles apenas *apontam* para o conceito, pois através deles é possível descobrir alguns traços da Divindade. Como quando se substitui a palavra "amor" por "Deus" no clássico texto de 1Cor 13,4-8a:

> O amor [Deus] é paciente, o amor [Deus] é bondoso. [Deus] Não tem inveja. O amor [Deus] não é orgulhoso. [Deus] Não é arrogante. Nem escandaloso. [Deus] Não busca seus próprios interesses, não se irrita,

---

[19] João Paulo II, *Carta às famílias*, n. 13.

não guarda rancor. [Deus] Não se alegra com a injustiça, mas se rejubila com a verdade. [Deus] Tudo desculpa, tudo crê, tudo espera, tudo suporta. O amor [Deus] jamais acabará.[20]

Que o amor não pode ser definido como um sentimento, isso parece claro, apesar da maioria dos cristãos terem essa concepção como que introspectada em suas categorias mentais. Tanto que ao serem motivados a rezar "pelas pessoas que você ama", normalmente se lembram daquelas pelas quais sentem afeto (pai, mãe, esposa, filhos, amigos, etc). Há até uma canção que diz: "*o sentimento* mais precioso que vem do Nosso Senhor é o amor" (grifo meu).

Esse condicionamento é o que provoca espanto diante da ordem de Jesus de amar os inimigos; ou ainda, que leva muita gente a deixar de fazer o que deve fazer "porque se não for com amor não adianta". A concepção de amor como sendo sentimento deve, de imediato, ser abandonada por aquele que deseja reencontrar-se consigo mesmo sob a perspectiva da experiência de Deus.

Não faltam aqueles que ressaltam – até com certa veemência – que o amor é atitudes. Indubitavelmente, o amor se traduz em atos,[21] mas as atitudes não são o amor, posto que é

---

[20] Essa aplicação foi feita pela Comunidade Shalom, no estudo *Enchei-vos*, proposto para os chamados "seminários de vida no Espírito Santo". Cf. COMUNIDADE CATÓLICA SHALOM, *Enchei-vos*, p. 14.

[21] "Meus filhinhos, não amemos com palavras nem língua, mas por atos e em verdade" (1Jo 3,18).

possível fazer muitas coisas boas sem amor, conforme adverte São Paulo: "Ainda que distribuísse todos os meus bens em sustento dos pobres, e ainda que entregasse o meu corpo para ser queimado, *se não tiver amor*, de nada valeria" (1Cor 13,3 – grifo meu). Note-se que no raciocínio paulino, o amor e as atitudes são duas coisas distintas.

Afinal, o que é o amor? Dessa descoberta depende o conhecimento de Deus, já que "Deus é amor". Talvez não seja possível penetrar totalmente nesse mistério, dada a imensidão de Deus e seu caráter intangível: "Uma vez que nosso conhecimento de Deus é limitado, também limitada é nossa linguagem sobre Deus. Só podemos falar de Deus (...) segundo nosso modo humano limitado de conhecer e pensar".[22]

Mas é o próprio João que faz emergir algo suficiente para que esse entendimento se acomode às categorias mentais do ser humano. No mesmo texto de 1Jo 4, no versículo 10, ele afirma: "Nisto consiste o amor: não em termos nós amado a Deus, mas em ter-nos ele amado e enviado seu Filho para expiar nossos pecados".

Pela expressão "nisto consiste o amor", João enuncia um conceito que será dito a seguir. Num primeiro momento, a expectativa parece frustrada, pois ele volta a utilizar o termo amor, indicando apenas que ele está prioritariamente na direção Deus-homem, e não o contrário. Não parece esclarecedor, se o que se quer é um conceito preciso.

---

[22] *Catecismo da Igreja Católica*, n. 40.

No entanto, um olhar um pouco mais atento sobre o conteúdo desse versículo pode fazer descobrir o enunciado inicial: "Nisto consiste o amor". São João estabelece dois polos: um absoluto (Deus) e outro relativo (o homem). Em seguida, indica que o amor consiste em ter o absoluto caminhando em direção ao relativo, e não o contrário. Ora, o absoluto não pode alcançar o relativo se não se rebaixar, abrindo mão, em certa medida, de sua própria condição de absoluto. João esclarece, portanto, que o *esvaziamento* ou, mais ainda, o rebaixamento é a atitude que melhor define o amor. O amor consiste num movimento descendente. Como disse Santa Teresinha: "Na realidade, o próprio do amor é rebaixar-se".[23]

O amor é esvaziamento, algo que "sai de si" e *assume* o outro. Na verdade, essa concepção já estava presente nos primeiros versículos do evangelho de São João. Ali, suas duas formulações básicas são: "O Verbo era Deus" e "o Verbo se fez carne". Essas expressões fincam os marcos do movimento que caracteriza o amor: o esvaziamento do Absoluto para assumir o relativo.

É por isso que o apóstolo, ao enunciar em que consiste o amor, remete-se imediatamente ao Filho enviado, ou seja, à Encarnação do Verbo. É como quando alguém ensina a teoria e depois esclarece com um exemplo. Para expressar o que é o amor, João indica a atitude de alguém que livremente

---

[23] Santa Teresinha do Menino Jesus, *História de uma alma*, p. 29.

não considerou sua condição, mas *esvaziou-se* na direção do outro, tornando-se semelhante a ele.

É esta a lógica que São Paulo também utiliza. Conquanto o seu texto mais famoso a respeito do amor seja o de 1Cor 13, é em Fl 2,6-8 que o apóstolo dos gentios conceitua o amor:

> Sendo ele de condição divina, não considerou sua igualdade com Deus. Mas despojou-se, tomando a condição de servo, tornando-se semelhante aos homens; e, por seu aspecto reconhecido como homem, ele se rebaixou, tornando-se obediente até à morte e morte numa cruz.

São Paulo diz o que Cristo fez. Esse trecho contém também o conceito de amor, dito de outra maneira, mas de forma tão esclarecedora quanto na Primeira Carta de São João. Sinteticamente, a ação do Filho na Encarnação manifesta a atitude-tipo do amor: o esvaziamento (ou o rebaixamento). Dito de outro modo: o sujeito amante não leva em conta a sua condição, mas assume as categorias mentais do amado e torna-se semelhante a ele.

O movimento contrário caracterizaria o antiamor. Quando o relativo quis ser absoluto, ele se opôs ao amor. Este foi o movimento do Diabo e de Adão (cf. Gn 3,1-6). Ao quererem ser iguais a Deus, ambos não se rebaixaram, mas pretenderam se elevar. Por isso, o pecado original é uma falta de amor, é um antiamor. O contrário do amor não é – como pensam alguns – o ódio. Tampouco, pode ser designado como "desamor", expressão evasiva e abstrata. O antônimo do amor é o egoísmo.

Sintetizando o conceito bíblico: o amor é *atitude pessoal e perene de esvaziamento na direção do outro*. O amor é um *ato* em específico (e não atos): esvaziamento. Sem ele permeando as atitudes, estas de nada valem, como assegura São Paulo. O amor é em si mesmo dinâmico e atuante. É puro movimento. É sempre eficaz e inovador. Nele, cada pessoa segue intensamente um itinerário interminável e empolgante de revelação de Deus e de si mesmo.

O amor é *pessoal* porque parte de alguém e de sua autoconsciência. Só as pessoas podem amar. É *perene*, pois jamais se acaba (cf. 1Cor 13,8a). Viver eternamente é embrenhar-se na experiência do amor em seu devir esvaziante. O encanto se dissipa, o fascínio pode terminar, mas o movimento em ato de esvaziamento só cessa caso seu agente o queira. Somente nesse sentido é que alguém pode deixar de amar: quando o sujeito que ama decide fazê-lo, pois já não quer mais sair de si.

O esvaziamento que caracteriza o amor não é na direção do nada, mas sempre na direção do outro igualmente pessoal. As coisas não amam e não são amadas, apesar de alguns ditos como "eu amo essa casa" fazerem parte da linguagem cotidiana. O amor é uma renúncia de si e aparece tanto mais quanto o sujeito-objeto amado seja relativo, contingente, incapaz e fraco. Esse é o momento epifânico do amor, quando ele se torna mais visível. O sujeito-esvaziante age com misericórdia e do outro se aproxima, fazendo-se semelhante a ele. Aquele que serve a seu irmão sem abandonar sua condição, sem se aproximar do outro, sem acolhê-lo, numa palavra: sem se rebaixar, serve-o de seu lugar intocável e, portanto, não ama.

Esse entendimento conduz a uma melhor percepção a respeito de Deus; pode-se dizer: a um conhecimento de Deus de forma mais lúcida. Pois se "Deus é amor", então Deus é atitude pessoal e perene de esvaziamento em direção ao outro. Esse é o movimento substancial de Deus, que se processa nele mesmo e na direção do homem. O movimento de sair de si e *fazer-se semelhante* não cessa em Deus. A própria onipotência da Divindade só pode ser entendida à luz de seu rebaixamento voluntário.[24]

Agora é possível compreender melhor a expressão joanina "Deus é amor". Deus é atitude pessoal e perene de esvaziamento em direção ao outro. Esse é o movimento eterno de Deus que se chama amor e que foi comunicado aos homens. A Encarnação do Verbo é a revelação do próprio ser de Deus. Através dela, Jesus disse: "Deus é isto: Deus é amor".

## No seio da Trindade

A atitude de Deus em direção ao homem manifesta a atitude das Pessoas da Trindade em relação a elas mesmas: as pessoas divinas *se fazem* semelhantes desde toda eternidade. "Como o Pai me ama, assim também eu vos amo", afirmou Jesus (cf. Jo 15,9). Jesus demonstrou em ato o movimento do amor e o caracterizou como sendo o mesmo que vem do Pai. Deus, portanto, é movimento perene de esvaziamento intertrinitário.

---

[24] Cf. *Catecismo da Igreja Católica*, n. 272.

As Pessoas da Trindade são semelhantes *porque assim se fazem* desde toda a eternidade. Em sentido estrito, o Pai não *é* semelhante ao Filho, nem este ao Espírito e assim sucessivamente. Pois são pessoas, e não há pessoas iguais em si mesmas. Ao *se fazerem* semelhantes entre si, as Pessoas da Trindade praticam esvaziamento voluntário, ainda que isso se faça entre três princípios absolutos. *No seio da Trindade, o amor poderia ser melhor definido como a atitude pessoal e perene de fazer-se semelhante.* Os dois conceitos não se opõem, mas se complementam.

Se a Trindade estivesse contida no tempo, haveria um momento histórico a partir do qual as Pessoas iniciariam seu processo de "fazer-se um". Entretanto, como a realidade trinitária é atemporal, essa relação deve ser entendida como operacionalizada desde toda a eternidade. Assim, a única vontade do Pai, do Filho e do Espírito Santo pode ser entendida como resultado do movimento de amor: a vontade é uma só porque foi feita uma só. Não há vontade originalmente única nas Pessoas de Deus, até porque Deus não tem origem. A unicidade divina não deve ser entendida como algo dado aprioristicamente, e sim como algo *assumido* eternamente.

A expressão de Jesus "O Pai é maior do que eu" pode ser entendida nessa perspectiva (cf. Jo 14,28). Uma Pessoa da Trindade – no caso, o Pai – faz-se uma com a outra – o Filho – numa espécie de esvaziamento voluntário e de renúncia de sua condição de "maior". Algo semelhante envolve o Espírito Santo, que procede dessa relação. Esse movimento próprio de Deus torna a Trindade um mistério incompreensível dentro das categorias mentais humanas.

O conceito de amor na Trindade revela também a dimensão propriamente *ecumênica* do amor. Pois a atitude de fazer-se semelhante implica, ao mesmo tempo, acolher o diferente. Ora, o sincero acolhimento daquilo ou daquele não igual é imprescindível para que se afirme qualquer tipo de ecumenismo. O amor tem, em si mesmo, um caráter ecumênico que não pode ser abandonado sem que se recuse o próprio amor.

Se as Pessoas de Deus comportam cada qual sua individualidade e, ao mesmo tempo, são uma porque assim se fazem, deve haver na relação entre elas um *conflito unitivo*. Não uma união conflitante, mas uma tensão positiva que une essas Pessoas. Essa tensão é fruto do próprio esvaziamento que cada uma assume na direção da outra. Pois como *se tornar* semelhante sem certo grau de renúncia da própria individualidade?

O amor contido no seio da Trindade é, portanto, tenso; não no sentido de que as vontades das Pessoas estão em disparidade, mas porque a individualidade das Pessoas como que provoca essa tensão e é ela que as une. É verdadeiramente um conflito unitivo, potencialmente positivo, que se transforma em amor ou até mesmo é o próprio amor, pois comporta esvaziamento.

Essa constatação desmistifica ainda mais o conceito de amor. Revela-o em termos de concretude. Isso torna possível que o relacionamento humano pleiteie aproximar-se do modelo trinitário que, num primeiro momento, apresenta-se demasiadamente abstrato e inatingível. Uma relação "a-tensa", como é apresentada na maioria das vezes a relação trinitária, é um movimento utópico, idílico, impossível de ser alcançado ou sequer aproximado no âmbito das criaturas. Tal como é apresentada, a vida trinitária parece tão distante da vida humana que os indivíduos abrem mão de persegui-la enquanto modelo. Ou, então, busca-se uma fraternidade artificial, construída a partir de um conceito quimérico do amor trinitário. Não raro, uma fraternidade piegas, que se revelará ilusória tão logo se iniciem os conflitos.

Em Deus, as diferenças são transfiguradas.[25] É por isso que Deus é um só, o que é possível apenas por meio do esvaziamento. Esse modelo – esse sim – é acessível às relações humanas, mesmo que guardadas as devidas proporções.

Deus não existiria se não fosse Trindade. Pois Deus é amor, e não pode haver amor sem outro a quem amar. Essa verdade foi revelada na Encarnação: "Ninguém jamais viu a Deus. O Filho único que está no seio do Pai foi quem o revelou" (Jo 1,18). Interessante é que, para descrever o Pai, o Filho realizou seu *próprio movimento* de tornar-se semelhante, desta vez em direção ao homem. Pois esse movimento é também do Filho e o revela.

A atitude do Filho na Encarnação é, portanto, inerente a seu caráter. Ao se encarnar, Ele não fez nada de estranho a sua própria natureza. Se Deus é amor, a Encarnação é seu *fenômeno*, pois "nisto *se manifestou o amor* de Deus para conosco: em nos ter enviado ao mundo seu Filho único, para que vivamos por ele" (1Jo 4,9 – grifo meu). E ainda: "Nisto temos *conhecido* o amor: Jesus deu sua vida por nós" (1Jo 3,16).

---

[25] Sobre como isso acontece no âmbito da vida fraterna, cf. o apêndice deste livro.

## Conclusão

Por fim, é necessário dizer – e isto talvez seja o mais bonito – que, ao esvaziar-se, nenhuma das Pessoas de Deus deixa de ser quem é, ou seja, não perde a sua individualidade. Do mesmo modo, ao fazer-se semelhante ao homem na Encarnação, o Filho permanece sendo Deus e, misteriosamente, assume a natureza humana sem aniquilá-la.

Por outro lado, se o homem tenta fazer o movimento inverso, ou seja, quando quer elevar-se e ser igual a Deus, ele perde sua identidade mais profunda: a identidade de pessoa humana. Aqui está a raiz do descontrole pessoal vivido por tantos indivíduos nos dias atuais, a origem da perda de identidade que só poderá ser plenamente resgatada pela *experiência* com o Deus que é amor.

# 2

# O DISCÍPULO AMADO

# AUTOCONHECIMENTO A PARTIR DA EXPERIÊNCIA DE DEUS

## Introdução

O apóstolo João penetrou profundamente no mistério de Deus e legou ao mundo um conceito de amor. Aliás, um conceito relativamente abjeto à mente humana, mas que conduz a um conhecimento mais certeiro acerca de Deus, pois não se pode, para adquirir esse conhecimento, basear-se em noções abstratas ou superficiais do que seja o amor.

Entretanto, o que causa fascinação na experiência joanina não é apenas a percepção de que Deus é amor e de em que consiste o amor. Gera deslumbre a forma como, através do conhecimento de Deus, ele atingiu o conhecimento de si mesmo. Isso fica evidente quando se confronta o conteúdo da Primeira Carta com o autoconhecimento subjacente em seu evangelho. É sobre o que discorrerei a seguir.

## O discípulo amado

Se, por um lado, a maior constatação de João a respeito de Deus é "Deus é amor", por outro ele comprova a respeito de si mesmo que é "o discípulo amado" (cf. Jo 21,20-24). A segunda afirmação é imediatamente decorrente da primeira. Pois só há amado se houver alguém que ame. Embora essa relação não esteja posta explicitamente nos escritos joaninos, estou convencido de que as duas formulações estão em estreita afinidade: João se viu como "amado" porque descobriu que Deus é amor e entendeu seu conceito.

É surpreendente e esclarecedor perceber inicialmente o caráter relacional existente entre essas duas asserções: "Deus é amor" e "Eu sou o discípulo amado". E mais ainda quando se insere nessa percepção o conceito de amor outorgado pelo apóstolo e que foi apresentado no capítulo anterior. Se Deus é "atitude pessoal e perene de esvaziamento em direção ao outro", ou seja, se Deus é amor, quem se entende como "o discípulo amado" autocompreende-se como *aquele na direção de quem Deus se esvazia*. Ele é o sujeito-objeto do rebaixamento de Deus.

Essa autocompreensão é o que se pode chamar de "experiência de Deus": trata-se do momento (ou do processo) em que o indivíduo se percebe como sendo o sujeito-objeto na direção de quem Deus se esvazia. Pode-se dizer que, na "experiência de Deus", Deus se rebaixa com o intuito de alcançar a pessoa. A pessoa reconhece esse movimento, sentindo toda a intensidade dessa comunicação.

Posto que o amor não é sentimentos ou atitudes, a experiência de Deus se torna não a descoberta de que "Deus gosta de mim" ou que "fez algo em meu favor",[26] mas a

---

[26] Essas descobertas, também verdadeiras, podem fazer parte de um primeiro momento experiencial, devendo evoluir para a compreensão mais profunda a respeito da qual estou falando.

constatação de que "sou o sujeito-objeto do perene movimento de esvaziamento presente em Deus" e que é Ele mesmo. Deus não só comunica sentimentos afetuosos ou age "em favor de", mas, sobretudo, dar-se a si mesmo à pessoa amada.

Todo autoconhecimento verdadeiro parte dessa experiência. Por ela, a pessoa constata que esse movimento de Deus em direção a si é como que inevitável, no sentido de que Deus não pode estar diante dela e não se sentir impulsionado a ir em sua direção. É como se em Deus residisse uma força *erótica* que o atirasse em procura do sujeito-objeto amado: "Ele ama, e esse seu amor pode ser qualificado, sem dúvida, como Eros, que, no entanto, é totalmente ágape também".[27]

O indivíduo também percebe que esse impulso é pessoal, direcionado a ele enquanto tal e não à criatura humana de modo genérico. Trata-se de um amor-paixão, forte como a morte, inerente ao próprio Deus, mas que, por sua pessoalidade, ou seja, porque Deus é portador de autoconsciência e de vontade perfeita, *escolhe* gratuitamente a pessoa humana e a ela se deixa impelir.

Essa experiência pode ocorrer de vários modos, mas qualquer que seja sua forma o conteúdo será sempre o mesmo: a pessoa se descobre "amada" e essa condição se transforma no núcleo central de sua identidade, em torno do qual circulam outras características pessoais, sendo essas acessórias e mutáveis.

---

[27] Bento XVI, *Deus caritas est*, n. 9.

Ao fazer essa experiência, a pessoa vislumbra as bases de sua pessoalidade, ou seja, do que ela é em primeiro lugar e essencialmente. Não tenho dúvidas de que a experiência de perceber-se e sentir-se assim, vivida por todo aquele que se encontra com o Senhor, finca um fundamento identitário capaz de lhe colocar em condições de romper com todas as conjecturas falsas feitas a respeito de si, seja pelos outros ou por ele mesmo. A partir do momento em que experimenta o amor de Deus, a pessoa deixa fora de cogitação qualquer coisa que se proponha a seu respeito que não se inclua de alguma maneira nessa proposição básica (eu sou o discípulo amado) ou que a contradiga.

Esse é, sem dúvida alguma, o princípio de uma afirmação pessoal consistente e inabalável, entendida e acolhida plenamente por aqueles que fazem a experiência concreta do conhecimento de Deus. Volto a dizer: a constatação "o discípulo amado" advém diretamente da primeira constatação: Deus é amor. Assim, *o conhecimento de Deus conduz ao conhecimento de si mesmo*. Quem é Deus? Amor. Quem sou eu? O discípulo amado. Isso é o que cada pessoa pode, sem risco de errar, dizer a respeito de si mesma.

É assim que todo o processo de autoconhecimento dá-se a partir da experiência de Deus. Na experiência humana, a identidade pessoal é construída normalmente através daquilo que o indivíduo pensa de si mesmo e do que os outros dizem dele. Nessa nova percepção, a identidade individual é construída a partir daquilo que Deus *faz* em direção à pessoa. Para além da constatação dos pecados e das fraquezas pessoais, e também para além das características físicas ou psicológicas de cada um, a experiência de Deus dá ao indivíduo a percepção daquilo que ele é, ontologicamente falando: amado.

Só Deus pode oferecer ao homem essa experiência? Para que a pessoa se sinta amada, deve haver alguém que a ame. Isso parece óbvio. Entretanto, quando alguém busca isso noutro ser humano, corre o sério risco de passar por uma frustração, pois o amor humano é imperfeito e efêmero, sendo muitas vezes um tipo de doação que espera algo em troca. O amor de Deus é esvaziamento puro. E o ser humano precisa de uma experiência de amor que seja marcante e definitiva, de uma experiência com *o próprio amor*, para que se perceba absolutamente amado. O amor humano, embora significativo, não é suficiente para preencher o espírito humano.

O entendimento de que se é amado por Deus chega a constranger positivamente o coração daquele que assim se percebe. O indivíduo compreende que não há razão aparente para Deus esvaziar-se em sua direção. Ele nada fez que merecesse isso. Pelo contrário, agiu com ingratidão para com seu Criador. Ainda assim, Deus projeta seu movimento essencial em direção a ele.

Dentro desse quadro, não há como o indivíduo não se autoafirmar, adquirindo para si uma sólida segurança a respeito de si mesmo e do seu valor, capaz de torná-lo livre de todos os condicionalismos sociais e psicológicos que absorveu como resultado da construção de uma autoidentidade baseada em aspectos periféricos de sua pessoalidade. O indivíduo firma, então, sua identidade sobre algo consistente, pois se apossa daquilo que *é* essencialmente e não se autodefine somente a partir do que tem ou sabe.

Essa autoafirmação corresponde ao que Amedeo Cencini chama de autoidentificação no nível ontológico.[28] Aqui, acrescento a proposição de que o que deve estar no centro dessa autopercepção é a condição de "amado" e que essa condição só pode ser inteiramente assumida a partir da experiência de Deus. O indivíduo se autorreconhece no amor. E esse fato não o acomoda em seus defeitos; pelo contrário: justamente por perceber o pecado como elemento periférico de sua individualidade é que se sentirá à vontade para abster-se dele, pois isso não fará dele menos pessoa.

Acredito plenamente que a percepção a respeito dessa condição fundamental oferece ao indivíduo a possibilidade concreta de cura para sua autoimagem. Esse núcleo identitário central só poderá ser atingido se o indivíduo deixar de relacionar-se com Deus, pois essa percepção a respeito do que lhe é substancial nasce de seu liame com o Amor.

Normalmente, a carga de negatividade que a maioria das pessoas incorpora à autoimagem está relacionada com fatores físicos e psicológicos, ou seja, características desses dois níveis que a pessoa sente que lhe faltam e que não há como

---

[28] Cf. *Amarás o Senhor teu Deus*, p. 27-41.

adquirir. Ela, então, avalia seu valor de acordo com os dotes físicos, intelectuais, artísticos ou de outra natureza e não cresce humanamente falando, pois está presa a seus próprios melindres. Superestima o que não tem e subvaloriza aquilo que tem de mais precioso: ser o outro pessoal na direção de quem Deus se esvazia, ou seja, ser o sujeito-objeto do amor ágape (e *eros*) de Deus.

Para emancipar-se desses condicionalismos, é necessário transferir a referência para o nível ontológico (nível do ser), em cujo centro está "eu sou amado". Não foi por acaso que a primeira coisa que Jesus ouviu do Pai foi: "Este é o meu filho bem-amado, aquele que me aprouve escolher" (Mt 3,17). Tenho para mim que isso estabeleceu o marco inicial da construção do autoconhecimento de Jesus, marco cujo centro é o "ser amado"; foi essa asserção que colocou as premissas fundamentais da compreensão que Jesus tinha a respeito de si. Uma pessoa que sente, compreende e decide isso, está preparada para enfrentar todas as dificuldades da vida, porque sabe que, seja qual for a situação, é amada, ainda que circunstancialmente viva experiências que desmintam isso.

A autoimagem fundada nos planos físico e psicológico é tão periférica que, por exemplo, pessoas diferentes que têm qualidades ou defeitos idênticos podem uma sofrer e outra se alegrar, dependendo do modo como encaram essas coisas. Por causa da identificação exclusivamente nesses níveis, os traumas relacionados à autoimagem são muito comuns. Às vezes, quando a pessoa não os tem ou não os identifica, fica procurando algum. Ela chega a pensar que não é normal, caso não tenha algo com o que se condoer interiormente.

Algumas pessoas fazem uma experiência religiosa, mas não trilham um caminho progressivo de autoconhecimento a partir do contínuo conhecimento de Deus. Esbarram nas feridas interiores que são descobertas no decorrer do próprio processo de vivência da fé. Destarte, passam a encarar o serviço religioso como mais um espaço de autoafirmação, não raras vezes como um lugar para compensar os insucessos da vida secular. Outras pessoas mendigam recompensas e reconhecimentos. Muitas "enterram" os talentos que Deus lhes dá, porque não se sentem seguras o suficiente para utilizá-los. Esse pode ser um motivo pelo qual algumas experiências religiosas tão bonitas se esvaeçam antes de atingirem certo grau de maturação.

O desejo de autoestima é, no fundo, o desejo de sentir-se amado. As pessoas recuperam a autoestima quando se sentem percebidas. É por isso que a experiência de Deus oferece a possibilidade concreta de autoconhecimento e cura da autoimagem; porque para além da percepção dos pecados, fraquezas e características físicas e psicológicas, a experiência com o amor dá o atino daquilo que a pessoa é essencialmente. Pela experiência de Deus, o indivíduo sente-se *percebido* de uma maneira envolvente e totalizante. No momento em que entende isso, em que faz essa experiência do amor, forte, profunda, em que se percebe como o outro na direção de quem Deus se esvazia, o indivíduo firma sua identidade pessoal sobre algo que não vai ser abalado fundamentalmente nem mesmo pelas eventuais perdas afetivas ou choques traumáticos.

Os outros aspectos da personalidade humana devem girar em torno do núcleo central "ser amado". Dele deve partir o conceito que se tem a respeito de si mesmo. É isso que, prioritariamente, capacita o indivíduo para viver o evangelho até em seus conteúdos mais exigentes. "Dar a outra face", por exemplo, é uma *reafirmação* do núcleo identitário do ser humano. É como dizer: "pode bater que eu sou amado". Perdoar um inimigo ou "ceder também a capa" são atitudes que o indivíduo não amado sente como naturalmente desqualificantes, enquanto que para um discípulo amado são reafirmações de sua identidade essencial (cf. Mt 5,38-41).

Pessoas que fazem a experiência religiosa cristã, mas que não aprofundam essa mesma experiência a ponto de perceberem o núcleo central de sua identidade (ser amado), não se emancipam dos condicionalismos culturais e nem da autoimagem negativa. Isso pode impedi-las de viverem sua própria vocação. Geralmente caem em um outro tipo de equívoco, muito comum nos ambientes religiosos, que é o de depreciar-se em nome da humildade. Avaliam que qualquer nível de percepção positiva a respeito de si mesmas as conduzirá necessariamente ao orgulho ou à presunção. Considero essa situação adiante.

## O que Jesus disse de si mesmo

As invectivas mais perigosas e certeiras que abatem o ser humano são aquelas que incidem sobre a autoimagem. Pessoas más têm imensa facilidade de compreender isso e, com uma maestria impressionante, sabem como atingir alguém fazendo com que se sinta incapaz e sem valor.

Muitas crises pessoais estão relacionadas com a autoimagem. Mais precisamente, elas emergem quando se perde a convicção de que se é amado. Por outro lado, as pessoas mais serenas em relação a sua própria imagem são as que mais facilmente se doam, sabem perdoar e encontram um equilíbrio interior que lhes possibilita uma qualidade de vida imensamente melhor. Além disso, essas pessoas são mais capazes dos gestos nobres e até de feitos heroicos.

Algumas pessoas se depreciam em nome da humildade. Não considero isso uma atitude cristã. Pelo contrário, há maior presunção na insegurança.[29] No fundo, elas assumem para com Deus uma relação de servidão, e não de filiação. Uma visão *serenamente* positiva acerca de si mesmo longe está de qualquer atitude jactante ou pretensiosa.

Em nenhum momento no Evangelho se vê Jesus se depreciando para parecer humilde. Os pareceres que Jesus emitiu sobre si mesmo transparecem um sentimento de plena positividade na autoimagem, provinda de sua relação com o Pai. E assim mesmo ele se declara humilde (cf. Mt 11,29).

O texto de Jo 8,12-30 é particularmente impressionante.[30] Nessa passagem, Jesus declara: "Eu sou a luz do mundo" (v. 12). Ora, a luz é símbolo de vida, felicidade e alegria, em contraste

---

[31] Cf. Ronaldo José de Sousa, *Pregador ungido*, p. 18.

[30] Optei por não transcrever o texto aqui, por causa da sua extensão; se quiser situar-se no contexto, o leitor deverá consultar a passagem bíblica indicada antes de prosseguir na leitura.

com as trevas, que denotam morte, desgraça e lágrimas.[31] Portanto, Jesus não hesita em expor sua condição, ainda que com isso possa ser interpretado como prepotente. Os fariseus, tradicionais fanfarrões, refutam-no dizendo que não é verdadeiro o que ele declara de si mesmo, porque não é outro que o diz (cf. v. 13). Note-se que é um argumento parecido com aquele presente nos ambientes religiosos, a partir do qual se vê com maus olhos quem admite e afirma suas próprias potencialidades. Afirmar os dons positivos seria uma prerrogativa dos outros, e nunca da própria pessoa, para quem estaria reservado apenas o palavreado "humilde" acerca dos próprios limites e defeitos.

A resposta de Jesus objeta os fariseus: embora seu testemunho seja pessoal, a compreensão a respeito de si mesmo provém de sua unidade com o Pai (cf. v. 14). Dessa maneira, Jesus estabelece a fonte de sua autoimagem: a relação com o Pai. Portanto, não se trata de vangloriar-se, mas de poder dizer a respeito de si mesmo tudo aquilo que o Pai também diria. Aquilo que, no juízo dos fariseus, soou como presunção, era na verdade uma constatação agradecida a respeito da própria condição pessoal. Semelhante atitude é a daquela pessoa que, em espírito de reconhecimento, fica grata ao olhar para si mesma e perceber que tudo o que é, em última análise, vem de Deus.

Para mim, não restam dúvidas de que a compreensão de Jesus a respeito de si é resultado de sua relação com o Pai. Ele acolheu o movimento do Pai em sua direção; por isso, sabe-

---

[31] Cf. *Bíblia de Jerusalém*, p. 1863.

-se e sente-se amado. Dessa constatação é que se depreende toda a convicção a respeito de sua autoimagem, fazendo dele alguém que *se entende*, no sentido de que sabe o que comporta essencialmente. Uma pessoa assim não pode avaliar-se negativamente.

Na sequência do diálogo com os fariseus, Jesus diz que estes julgam conforme a carne, ou seja, conforme as aparências, enquanto Deus vê o coração (cf. v. 15). Sob a perspectiva das aparências é que os fariseus olhavam Jesus e exigiam dele que também se visse assim. *Jesus recorre a sua experiência com o Pai* e se vê diferente.

As opiniões externas são sempre perigosas, seja de crítica (porque podem basear-se em preconceitos) ou de elogios (porque podem ser mentirosos, lisonjeiros e exagerados), ou ainda as exigências da cultura (porque se baseiam em aparências). Jesus não se fiava nos homens para edificar sua autoimagem, nem mesmo naqueles que criam nele. Ele não dependia de opiniões externas. Quando escutava afrontas, saía delas com sabedoria; quando recebia elogios, também não se guiava por eles.[32]

A tranquilidade de Jesus em afirmar sua imagem positiva parece provir não dele mesmo, mas "daquele que está comigo": "O meu julgamento é conforme a verdade, porque eu não estou sozinho" (v. 16). Após expressar-se assim, Jesus ainda age com sabedoria e recorda aos fariseus: "Aliás, em vossa própria Lei está escrito que o testemunho de dois homens é válido" (v. 17).

---

[32] Cf. Ronalto José de Sousa, *Pregador ungido*, p. 81.

As afirmações de Jesus fazem crer que sozinho, o homem jamais atingirá grau satisfatório e verdadeiro de conhecimento sobre si mesmo, pois ele depende do movimento de Deus em sua direção. A constatação de que é amado é adquirida a partir do momento em que o indivíduo percebe o amor de Deus, pela experiência pessoal com Ele. Assim, Deus diz que ele é essencialmente amado, e o indivíduo também constata essa verdade. E o testemunho de duas pessoas é verdadeiro: "Eu dou testemunho de mim mesmo, e o Pai que me enviou também dá testemunho de mim" (v. 18). O que se diz serenamente a respeito de si e que se depreende da relação com Deus não é atitude de presunção, mas é coisa verdadeira porque é o testemunho de duas pessoas.

Jesus afirma que o que os fariseus pensam dele é fruto de um olhar sobre as aparências. Mas ele não está sozinho. Um discípulo amado pode afirmar sem medo: "Os outros me julgam conforme a aparência; eu não julgo ninguém, mas se eu julgar a mim mesmo, o meu julgamento é verdadeiro, porque não estou sozinho, julgo conforme o que o Pai diz de mim". Um discípulo amado não forja uma imagem para se autoafirmar; ele apenas *constata* o que há de mais essencial em si. É sua relação com Deus que lhe dá a possibilidade de ter autoimagem positiva.

Os fariseus não se contentam porque não entendem a relação de Jesus com o Pai. E não podem compreender aquilo que não experimentaram. Eles não sabem quem é Jesus porque também não sabem quem é o Pai (cf. v. 19). Jesus expõe a razão de sua incompreensão: "Vós sois daqui de baixo; eu, porém, sou do alto; vós sois deste mundo; eu, porém, não sou deste mundo"

(v. 23). Os fariseus não conhecem Jesus, assim como não se autoconhecem, porque não fizeram a experiência de Deus.

Para firmar ainda mais fortemente sua autocompreensão, Jesus expressa sua divindade: "Se, com efeito, não crerdes que Eu Sou, morrereis em vossos pecados" (v. 24b). A fórmula enigmática "Eu Sou" evoca a grande revelação do Sinai e exprime o ser divino de Jesus (cf. Êx 3,14-16).[33]

À pergunta insistente "Quem és tu?", Jesus ainda responde: "O que eu não cesso de vos dizer desde o começo" (v. 25). Mas diante de nova incompreensão (cf. v. 27), o Mestre apela para o evento-tipo em que se manifestará a natureza de Deus: "Quando tiverdes elevado o Filho do Homem, conhecereis que 'Eu Sou' e que eu não faço nada de mim mesmo: eu digo o que o Pai me ensinou" (v. 28). É como se Jesus esperasse que o calvário, que seria o acontecimento demonstrador do amor, ou seja, da atitude pessoal e perene de esvaziamento, fosse percebido como tal por seus interlocutores, para que assim pudessem conhecer a Deus, ao próprio Jesus e a si próprios, e então pudessem entender porque Jesus se autoafirma positivamente.

No Evangelho, existem outras afirmações de Jesus sobre si mesmo:

- "Eu sou a porta das ovelhas" (Jo 10,7-9). "Eu sou o bom pastor" (Jo 10,11).

Jesus dá a sua vida pelas ovelhas. Sua realização pessoal consiste em se entregar. Essas palavras são indicações de sua missão, que está profundamente identificada com ele mes-

---

[33] Cf. *Bíblia* – Tradução Ecumênica, p. 2062.

mo. Embora Jesus não seja a sua missão, ela é parte integrante de sua identidade e justifica sua presença no mundo: "Ele está completamente unido a sua missão; a sua missão e o seu próprio ser não podem, absolutamente, ser separados".[34]

Nessa mesma linha estão estas outras afirmações de Jesus a respeito de si mesmo: "Eu sou a porta" (Jo 10,9), "Eu sou a ressurreição e a vida" (Jo 11,25), "Eu sou o caminho, a verdade e a vida" (Jo 14,6) e "Eu sou a videira verdadeira" (Jo 15,1).

- "Aqui está quem é maior do que o templo" (Mt 12,6). "Aqui está quem é maior do que Jonas" (Mt 12,41). "Aqui está quem é maior do que Salomão" (Mt 12,42; Lc 11,30). "O filho do homem é senhor também do sábado" (Mt 12,8).

Essas palavras manifestam fortemente a consciência que Jesus tinha a respeito de si mesmo, sem cair em orgulho ou presunção. Apesar de se precaver contra as eventuais interpretações politizadas sobre sua condição, Jesus nunca negou sua messianidade e, principalmente, sua filiação divina (cf. Mt 16,13-20; 27,11; 27,43; Mc 14,62; Lc 22,70; 23,3; Jo 4,26; 18,37). Foi precisamente essa pretensão divina que o levou à paixão.[35]

O ápice dessa autoconsciência, creio eu, encontra-se justamente no dizer que faz eco à revelação do Sinai, ao qual já me referi, "Eu sou" (Jo 8,24.58), ou ainda quando Jesus

---

[34] Joseph RATZINGER, *Jesus de Nazaré*, p. 271.
[35] Cf. Ibid., p. 275.280.

assegura categoricamente: "Eu e o Pai somos um" (Jo 10,30). Ao mesmo tempo, a expressão "filho do homem" significa simplesmente "homem", palavra que, em certo sentido, esperava por Jesus para adquirir seu significado pleno.[36]

Há, por fim, outra ocasião em que Jesus manifesta alto nível de serena percepção a respeito de si mesmo. Trata-se do episódio conhecido como lava-pés (cf. Jo 13,1-20). Num certo momento, Jesus dirigiu-se aos discípulos com as seguintes palavras: "Vós me chamais mestre e senhor, *e dizeis bem, porque eu o sou*" (v. 13 – grifo meu). Ele parece não ter a menor preocupação de aparentar humildade. O esforço para demonstrar-se humilde é a atitude de muitas pessoas que, no fundo, não se sentem amadas. Jesus disse isso depois de ter exprimido simbolicamente o movimento do amor, assumindo o serviço de um escravo. Nessa perspectiva, vê-se que, ao rebaixar-se, Jesus não se sente atingido em sua autoimagem, mas continua consciente de seu valor e de sua condição. Sobre isso, falarei mais adiante.

## Conclusão

A insegurança, a timidez ou a fanfarronice são, no fundo, carência de amor. Quando o homem se procura, na verdade ele está à procura de ser amado. Tenho pensado que o motivo de muitos desequilíbrios pessoais (para não dizer

---

[36] Ibid., p. 298.

de todos) é que o conhecimento de Deus é insuficiente. Em outras palavras, os indivíduos não conseguem perceber que Deus é amor e, em consequência, também não se percebem como "discípulos amados". Por vezes, até compreendem isso, mas não o experimentam concretamente.

A autoimagem negativa geralmente começa a ser construída na infância. E é justamente dessa data que vem a deformação da imagem de Deus para muitas pessoas. Ao educar, os adultos atribuem a Deus características que não fazem parte de sua natureza essencial: castigador, vigia, senhor que recompensa segundo os méritos. Ou, de outro modo, como um Deus meloso que tudo aceita e não age com justiça. Na medida em que os indivíduos constroem uma imagem equivocada a respeito de Deus, paralelamente, erigem também uma imagem errada a respeito de si mesmos: não se sentem essencialmente amados (porque não experimentam que Deus é amor), mas se autopercebem como objeto da vigilância, da ira ou da benevolência incondional de Deus, sem compreender adequadamente como essas coisas ocorrem.

Não é por acaso que as duas imagens negativas são construídas ao mesmo tempo. É que uma depende diretamente da outra, pois para saber-se essencialmente amado, o indivíduo necessita ver Deus como amante. O resultado dessa distorção é uma relação servil e não filial, ou uma prática religiosa depreciadora, excessivamente policiada, repressora em sua base. Ou, de outro modo, uma religiosidade mercenária, desprovida de conversão pessoal.

A primeira coisa que muitas pessoas descobrem ao fazerem a experiência de Deus é que Deus não é aquilo que ouviam dizer que Ele era. Essa percepção está normalmente associada a um primeiro atino sobre a própria condição de amado, ou seja, ao entendimento, talvez ainda embrionário, de que a pessoa também não é o que diziam dela (preguiçosa, arrogante, feia etc.). Essas opiniões externas a respeito da identidade pessoal, quando internalizadas, são assumidas pela pessoa como pertencentes a seu cerne ontológico, fazendo com que ela considere impossível mudar, ainda que não goste de "ser" o que é. Feita a experiência de Deus, um novo olhar sobre si mesmo torna-se potencialmente libertador, pois desprende a pessoa de seus pecados e de sua autoimagem negativa. Isso é que se pode chamar de "conversão".

Que diferença faz quando a pessoa se encontra consigo mesma sob a perspectiva do amor! Muda tudo. Os dons que possui são agora encarados como um serviço para os outros e não para se autoafirmar, como se neles residisse a fonte de sua dignidade. A pessoa atinge alto grau de maturidade humana, relacionando-se com Deus com confiança filial e com os outros com liberdade interior. Por tudo o que possui, dá graças. E quanto àquilo que não possui, disso dá risada.

Dessa maneira, não existirá um discípulo se ele não puder atribuir-se a si mesmo o qualificativo de "amado". Os conteúdos dos dois termos são inseparáveis (Deus é amor/ Sou o discípulo amado). A certeza de ser "o discípulo amado" possibilita o reencontro da pessoa humana com sua identidade perdida.

# 3

# O FILHO REENCONTRADO

# O RETORNO PARA DEUS E PARA SI MESMO

## Introdução

Quero lembrar duas proposições das que foram feitas até aqui: os indivíduos buscam o autoconhecimento e o caminho mais adequado para atingi-lo é a experiência de Deus. Essas proposições juntas levam a concluir que a solução para esse homem que se busca é retornar para Deus. Distanciado Daquele que o revela e, consequentemente, de si mesmo, o retorno para Deus é a oportunidade que o homem tem de reencontrar-se consigo mesmo e reassumir sua própria identidade.

O retorno para Deus é a solução do problema humano atual. É muito sério pensar que os cristãos têm nas mãos tamanha riqueza e, não raras vezes, preferem recorrer a livros de autoajuda ou técnicas terapêuticas. Não ignoro a utilidade de alguns métodos e do estudo científico. Entretanto, a experiência de Deus é o que de melhor pode ser comunicado pelo cristianismo à humanidade. Não creio que seja justo abrir mão dessa resposta. Tenho ainda mais convicção a respeito disso quando me recordo de que todo o equilíbrio humano que tenho hoje é fruto de minha relação com Deus através da oração e da leitura da Bíblia.

Essa experiência de *volta* não poderia ser melhor retratada do que o foi por Jesus em uma de suas histórias catequéticas. Ela é mais conhecida como a parábola do filho pródigo. Muitos acham que a melhor designação seria "parábola do pai amoroso", mas vou preferir chamá-la, como outros, de "parábola do filho reencontrado". Ela é representativa do modo como deve acontecer o regresso do homem para Deus, que é também o retorno para si mesmo.

### O filho reencontrado

Disse Jesus:

> Um homem tinha dois filhos. O mais jovem disse ao pai: "Pai, dá-me a parte da herança que me cabe". E o pai dividiu os bens entre eles. Poucos dias depois, ajuntando todos os seus haveres, o filho mais jovem partiu para uma região longínqua e ali dissipou sua herança numa vida devassa. E gastou tudo. Sobreveio àquela região uma grande fome, e ele começou a passar privações. Foi, então, empregar-se com um dos homens daquela região, que o mandou para seus campos cuidar dos porcos. Ele queria matar a fome com as bolotas que os porcos comiam, mas ninguém lhas dava. E, caindo em si, disse: "Quantos empregados do meu pai têm pão com fartura, e eu aqui, morrendo de fome! Vou-me embora, procurar meu pai e dizer-lhe: Pai, pequei contra o céu e contra ti; já não sou digno de ser chamado teu filho. Trata-me como a um dos teus empregados". Partiu, então, e foi ao encontro de seu pai (Lc 15,11-20a).

## O filho reencontrado: o retorno para Deus e para si mesmo

Não era comum, no tempo de Jesus, que um filho solicitasse sua parte da herança sem que o pai houvesse falecido. A sabedoria judaica não recomendava a partilha de bens em vida (cf. Eclo 33,20-24). Se a história fosse verdadeira, provocaria, no mínimo, uma sensação estranha nas pessoas que a testemunhassem, pois exprimiria o desejo do filho de que seu pai falecesse.

Experimentei algo semelhante no dia em que minha filha de nove anos me perguntou o significado da palavra "herança". Eu respondi que são os bens materiais que os pais deixam para seus filhos, ao que ela, em sua inocência, prontamente retrucou: "Então, eu quero a minha herança!". Só para não perder o bom humor, disse-lhe que não se animasse muito, pois herança de pobre é doença e mau costume.

Mas apesar de o pedido ser inusitado, a parábola apresenta o pai atendendo ao filho sem hesitar. A narração indica que não houve resistência da parte do pai, como se este assumisse uma atitude de confiança, própria daqueles que são capazes até de romper regras para fazer feliz a quem amam. Por que o pai não hesitou? Parece coerente supor que ele não o fez porque *eles estavam juntos*. Note-se que, em seu pedido, o filho não expressa a intenção de ausentar-se de casa. O pai deu a parte da herança porque para ele não importava de quem era a posse "oficial" dos bens. O pai estava centrado na relação pessoal e não material. Eu entendo esse gesto *incontido* do pai como sua primeira declaração de amor.

Apesar disso, *poucos dias depois* o filho partiu. Se "dar a herança" é um gesto que deve ser compreendido na relação de amor, o pouco tempo de permanência do filho na casa do pai reflete a reduzida importância que aquele dava ao vínculo que tinha com este.

É muito doloroso quando um relacionamento acaba logo. Basta pensar num casamento, numa amizade ou mesmo num namoro que se esvai em pouco tempo. Fica aquele sentimento de frustração aliado a uma pergunta inquietantemente ressoante e quase sempre sem resposta: Por quê? É difícil enfrentar situações assim, principalmente para a parte que se sente descartada. Quem nunca viveu uma experiência dessas? É dilacerante quando alguém se entrega intensamente a uma relação e, antes que ela possa solidificar-se, a outra parte envolvida não faz mais caso dela.

Foi isso que aconteceu com a grande história de amor entre Deus e o homem. "Este filho, que recebe do pai a parte da herança que lhe toca e deixa a casa paterna para esbanjar essa herança numa terra longínqua vivendo dissolutamente, em certo sentido é o homem de todos os tempos, a começar por aquele que foi o primeiro a perder a herança da graça e da justiça original."[37] Deus tomou a iniciativa, amou fortemente o homem, deu-lhe liberdade e capacidade de amar; porém, este recusou seu amor. O pecado foi a maneira de o homem pôr fim à relação com seu Criador. E isto feito da forma mais desleal possível, como se aquela amizade não significasse muito para ele. A ruptura foi sem aviso prévio. Na Bíblia, o paraíso só dura dois capítulos.

O descaso do filho na parábola contada por Jesus é semelhante à atitude-tipo do princípio da história, em que o homem recusou a amizade com Deus e dele se afastou. Mas é também o comportamento de cada pessoa que, apesar de sua consciência religiosa, distancia-se de Deus acreditando que, dessa maneira, adquire mais autonomia e identidade própria.

---

[37] João Paulo II, *Dives in misericordia*, n. 5.

Essa atitude se repete hoje em dia, mesmo entre aqueles que tiveram um encontro pessoal com o Senhor. Nesses casos, a recusa se manifesta ainda mais indignante. Porque é como se a pessoa fizesse pouco caso de toda a experiência vivida, permitindo até mesmo que coisas acessórias interfiram decisivamente em sua relação com Deus.

É impressionante como, às vezes, por causa de uma insatisfação, decepção ou pequeno sofrimento, a pessoa abandona sua história de amor com Deus, chegando a renegar completamente sua fé, como se tudo o que viveu tivesse sido mera aventura. Alguns a trocam por pouca coisa: um namoro, um vício, um sonho, uma possibilidade de sucesso. Isso tem ocorrido inclusive depois de conversões surpreendentes e compromissos sérios assumidos. É como se tudo o que a pessoa viveu com Deus não tivesse nenhum significado.

Na parábola, a relação entre o pai e o filho é algo realmente importante. Ela reflete o modo como Deus encara sua amizade com o homem. Amar o filho não é um passatempo para o pai. O que machuca seu coração quando da ruptura não é a perda dos bens, mas o descaso que o filho mais moço tem pelo laço que os une.

Algumas leituras quase capitalistas dessa parábola induzem a pensar que o grande pecado do filho foi gastar os bens do pai. Muitos bons e displicentes pregadores fazem esse tipo de aplicação, tornando o gasto dos bens a coisa mais central da trama. Não é nada disso. O erro do filho mais novo consiste em desconsiderar a relação, até porque o montante que lhe cabia era apenas 1/3 dos bens móveis (cf. Dt 21,17). A maior parte da herança pertencia por direito ao filho primogênito. O prejuízo material nem foi tão grande assim. O mesmo não se pode dizer do estrago sentimental.

O filho mais moço acreditou que seria possível viver fora da relação com o pai. Muitas pessoas hoje em dia também acreditam que podem viver longe de Deus. E elas estão certas, pois muitas vivem realmente. Entretanto, creio que nessa distância reside grande desequilíbrio humano. Pois o fato de desconsiderar sua relação com o Senhor afasta o homem de sua condição de sujeito-objeto do amor, ou seja, ele põe de lado seu núcleo identitário central: ser amado. A consequência é o distanciamento de si mesmo, para não dizer a escravidão, pois a pessoa que se afasta de Deus procura outra relação que dê sentido a sua vida: busca ser amada e, por causa disso, entrega-se facilmente a quem não pode proporcionar-lhe isso de forma plena.

A parábola reflete esse resultado: o filho sai da relação com *o pai* e estabelece outra relação, desta vez com *um patrão*. Esta é nefasta, porque o patrão não ama; está apenas interessado na lucratividade de seus bens. Para um judeu, tomar conta de porcos é o cúmulo da degradação. É como quando alguém, longe de Deus, permite ser escravizado pelas coisas ou pessoas às quais se entrega. Em situações extremas, a identidade pessoal é agredida a ponto de desqualificar o indivíduo, retirando-lhe a autoestima e a própria dignidade.

Interessante que seja justamente essa outra relação o elemento impulsionador da reflexão daquele jovem. O moço "caiu em si" e percebeu que seu pai não tratava daquela maneira nem mesmo a um de seus servos, quanto mais a um filho. Esse foi o momento de reconstituição mental da relação com o pai, em que o filho "fez memória" de sua experiência pessoal de amor com aquele que o considerou o tempo todo como digno de ser amado. O filho assumiu uma atitude ativa, pela qual avaliou o que fez e reconheceu as consequências nefastas de seus atos. Ao menos isto: não se contentou com sua condição afastada do pai e parece ter percebido o quanto se distanciou de si mesmo quando abandonou a casa paterna.

Certa vez atendi alguém que me pedia oração. Ela começou dizendo: "Reze pelo meu pai, que é alcoólatra; por minha mãe, que é viciada em cigarro; por meu irmão mais velho, que usa drogas; e por minha irmã, que está com problemas no emprego". Era muita coisa ruim de uma vez só. Já estava ficando triste, quando ela completou: "Sim, reze também pelo meu irmão mais novo, que é muito preguiçoso".

Depois que ela se foi, fiquei pensando na situação daquela família. Cheguei à conclusão de que, apesar da gravidade dos problemas dos demais membros, a pior condição era a daquele irmão mais moço: a preguiça. Porque o preguiçoso é passivo, ele quase não pensa. Qualquer um dos outros poderia fazer de sua própria situação uma ocasião para refletir e mudar. Mas um preguiçoso dificilmente consegue reconsiderar sua vida. Felizmente, o filho da parábola não era estafermo. Ele constatou que a relação que estava mantendo com o patrão nada tinha a ver com a que tinha com o pai. Enquanto esta se caracterizava pelo amor, aquela tinha por base a escravidão.

Confrontando os dois relacionamentos, o filho iniciou sua caminhada em busca do reencontro consigo mesmo. *Ele partiu ao encontro do pai*, mas sua viagem comportou também o retorno para sua própria identidade. Fará nova experiência de amor e se reconhecerá no amor, como numa redescoberta de si, um autoconhecimento a partir do encontro com Deus.

## A misericórdia de Deus

É justamente nesse retorno que se manifesta o significado daquilo que se costuma designar como a misericórdia de Deus. Esse elemento expressa inexoravelmente a atitude de Deus para com o homem. É como se, pela misericórdia, Deus explicasse *de novo* o que há em seu coração. A misericórdia de Deus é seu amor mesmo, dado novamente, e desta vez percebido pelo homem de maneira inconfundível. A misericórdia é o movimento de amor de Deus melhor percebido pelo homem, não porque é mais intenso, mas porque realçado pela ingratidão de quem volta:

> Ele estava ainda longe, quando seu pai viu-o, encheu-se de compaixão, correu e lançou-se-lhe ao pescoço, cobrindo-o de beijos. O filho, então, disse-lhe: "Pai, pequei contra o céu e contra ti; já não sou digno de ser chamado teu filho...". Mas o pai disse a seus servos: "Ide depressa, trazei a melhor túnica e revesti-o com ela, ponde-lhe um anel no dedo e sandálias nos pés. Trazei o novilho cevado e matai-o; comamos e festejemos, pois este meu filho estava morto e tornou a viver; estava perdido e foi re-encontrado! E começaram a festejar (Lc 15,20b-24).

Há aqui um visível confronto entre dois raciocínios: o do filho e o do pai. Depois de romper com a relação, gastar os bens do pai e cair em desgraça, o filho pensa em termos de mérito. E isso em três momentos distintos: primeiro, reflete (pequei contra o céu e contra ti), depois julga (já não sou digno de ser chamado teu filho) e, por fim, sentencia. Sua sentença é o que acredita ser justo: "Trata-me como a um dos teus empregados". Em si mesma, já é uma sentença dura: ser assalariado na casa do próprio pai é uma humilhação muito grande.[38]

O filho intenta *negociar* com o pai. Sua perspectiva ainda é legalista, como quando alguém procura Deus com penitências e sacrifícios, julgando que Ele é movido pelos esforços individuais. Mas o pai pensa em termos de misericórdia. O filho parece caminhar ensaiando as palavras que pensou em dizer. Ainda estava longe quando o pai o avistou e ficou tomado de compaixão. O que se passa no coração do pai? Não é um raciocínio meritório, mas uma compaixão incontida. O pai foi ao encontro do filho não para tirar satisfação, nem para negociar ou para saciar a curiosidade a respeito do que teria acontecido enquanto este esteve ausente. *O pai foi para restabelecer a relação.* Correu, lançou-se ao pescoço do filho e o cobriu de beijos.

O fato de o pai avistar o filho a distância revela que *ele o procurava.* Fico imaginando essa cena, sob a ótica do filho. Enquanto o pai se aproximava, ele relembrava tudo o que havia ensaiado para dizer. Viu que o pai vinha correndo em sua direção e deve ter pensado que seria melhor não ter voltado para casa. O filho vê o pai chegar perto e se lançar a seu pescoço. Ele certamente

---

[38] Cf. João Paulo II, *Dives in misericordia*, n. 5.

pensou que o pai iria matá-lo enforcado com as próprias mãos. Mas o pai o cobre de beijos, sinais de seu perdão.

Por que o pai não fez justiça? Pela via legal o filho merecia o apedrejamento (cf. Dt 21,20). O pai tinha o direito de fazê-lo e, se o fizesse, ainda seria louvado por isso. Entretanto, cumprir a lei naquele contexto seria negar sua própria condição de Pai. Nisso se manifesta aquilo que se chama de misericórdia de Deus. *Ela é a disposição que Deus tem de ser bom em virtude de uma fidelidade para consigo mesmo.*[39] Na lida com o homem pecador, Deus *se obriga* a ter misericórdia por causa de uma exigência de sua própria natureza: "Se lhe formos infiéis, ele permanece fiel, pois não pode renegar-se a si mesmo" (2Tm 2,13).

Na parábola, é evidente a comparação que Jesus intenta fazer: Deus é como esse pai. Mas o amor que se revela na ocasião também pode ser comparado com o amor de uma mãe, ou seja, um amor que se gera de um vínculo originário (ama porque é fruto das entranhas). A mãe *não pode* negar que o filho é seu (ele pode ser o que for). Se o fizesse, estaria negando a si mesma. O amor de mãe é uma exigência do coração. Às vezes até parece que a mãe ama mais aquele filho que não merece. Quantos filhos "bons" não ficam insatisfeitos com isso!

Ter misericórdia é uma exigência do coração de Deus. É por isso que quando o homem viola sua aliança com Deus, este permanece ainda fiel. A rigor, quando uma das partes quebra um trato, a outra não está obrigada a cumpri-lo. Deus

---

[39] Cf. Ibid., n. 6.

mantém sua lealdade porque *precisa* ser autêntico consigo mesmo: "O amor apaixonado de Deus pelo homem é tão grande – afirma Bento XVI – que chega a virar Deus contra si próprio".[40] E é precisamente nesse ponto que o amor revela seu aspecto intrigante: sua face misericordiosa, amor mais potente do que a traição, graça mais forte do que o pecado.[41]

O reencontro do filho com o pai é, em certo sentido, uma epifania de amor maior do que a primeira, porque agora o pecado do moço realça o amor do pai. No momento desse novo encontro, o filho aparenta demorar um pouco para entender o que está acontecendo; mesmo após os beijos, ele parece não acreditar que está sendo perdoado.

Depois de algum tempo, o filho resolve botar para fora seu discurso ensaiado: "Pai, pequei contra o céu e contra ti. Já não mereço ser chamado teu filho...". O texto bíblico de algumas traduções ressalta uma interrupção no discurso do filho, o que revela a pressa do pai em impedir que ele chegasse ao fim de sua humilhação.[42] O pai permitiu que o filho fosse até o fim de sua reflexão, consentindo também em que este julgasse do que era merecedor. Porém, no momento em que o filho ia proferir a sentença, o pai o interrompeu. É como se o pai dissesse: "Opa! Até aqui você refletiu e julgou, e seu julgamento foi correto. Mas a sentença é por minha conta".

O enunciado do pai é a mais bela de todas as sentenças: "Ide depressa, trazei a melhor túnica e revesti-o com ela; ponde-lhe um anel no dedo e sandálias nos pés. Trazei o novilho cevado e matai-o; comamos e festejemos, pois este meu filho

---

[40] *Deus caritas est*, n. 10.
[41] Cf. João Paulo II, *Dives in misericordia*, n. 8.
[42] Cf. *Bíblia – Tradução Ecumênica*, p. 2012.

estava morto e tornou a viver; estava perdido e foi reencontrado". É uma redescoberta do amor que se esvazia na direção do outro. Isso faz com que o homem se reencontre consigo mesmo, porque *reconhece* profundamente o amor em sua face mais louca: a misericórdia. Ele reencontra o núcleo de sua identidade porque conhece de novo o amor do pai. E o resto é festa.

## Conclusão

Não é realmente motivo de festa quando um ser humano resolve suas questões interiores? Só assim ele pode ser feliz e deixar que aqueles com quem se relaciona sejam também felizes. Uma pessoa mal resolvida não apenas sofre, mas também faz sofrer. É por isso que a solução da vida de alguém é motivo de festa para todo mundo.

Na parábola, só dois personagens não gostaram do retorno do moço: o filho mais velho e o novilho. Sobre a insatisfação do primogênito, discorro adiante. Por ora, é necessário apenas contemplar a misericórdia, tão grande que se faz sentir e se expressa numa festa, sinal de reencontro e de felicidade. A comemoração manifesta a alegria de se reconstituir uma relação, que agora não se fundamenta mais nem em troca material nem em méritos e recompensas, mas na infinita misericórdia de um pai que – surpreendentemente – se obriga a amar seu filho.

# 4

# ELE É TEU IRMÃO

# AUTOCONHECIMENTO E RELAÇÃO INTERPESSOAL

## O outro: possibilidade concreta de amar a Deus

Uma questão – entre outras questões[43] – que surge a partir do entendimento de que o amor é um esvaziamento é sobre como se pode falar de amor *a* Deus, uma vez que o ser humano relativo não pode se esvaziar na direção de Deus, que é absoluto. Em outras palavras, o movimento do homem em direção a Deus não pode ser qualificado como um rebaixamento. Assim, o amor a Deus seria impossível, a menos que se reconsidere o conceito de amor que foi estabelecido aqui.

A questão se resolve de duas maneiras. Inicialmente, remetendo-se à Encarnação do Verbo. A Encarnação outorgou a possibilidade de o homem amar a Deus, pois quando o Verbo se fez carne, assumindo a condição humana, em certo sentido Deus se relativizou. A expressão de Jesus: "Ninguém vem ao Pai se não por mim" pode ser entendida como "ninguém *ama* ao Pai se não por mim" (cf. Jo 14,6).

---

[43] Farei referência a todas elas nas considerações finais do livro.

A Encarnação do Verbo é o acontecimento chave que coloca o homem em condições de esvaziar-se na direção de Deus. "Nós, porém, amamos porque ele por primeiro nos amou", esclarece São João (1Jo 4,19). Contudo, alguém que se prendesse somente a esse fato e, em vista dele, quisesse amar a Deus, estaria percorrendo uma via estritamente teológica. Esse caminho contém certo grau de incompletude, devido a seu caráter abstrato.

É então que se apresenta a solução joanina: "Se alguém disser: 'Amo a Deus', mas odeia seu irmão, é mentiroso. Porque aquele que não ama seu irmão, a quem vê, *é incapaz de amar a Deus*, a quem não vê" (1Jo 4,20 – grifo meu). Ora, se João afirma que quem não ama a seu irmão *não pode* amar a Deus, deve haver algo de essencial no amor ao próximo que impede alguém de amar a Deus sem a intermediação das outras pessoas. João estabelece uma união intrínseca entre aquilo que seria, em princípio, duas coisas diferentes: o amor a Deus e o amor ao próximo.

Não há amor se não houver rebaixamento. Para que alguém se rebaixe na direção de Deus, esse alguém precisa do próximo. Sem a intermediação das outras pessoas não é possível amar a Deus, e, assim, todas as práticas piedosas perdem o sentido. Algumas pessoas cumprem com vários compromissos propriamente religiosos (missa, confissão, terço, oração pessoal, etc.) dissociados da relação com o próximo. Eu também pensava que era assim. Amar a Deus, para mim, era entrar no meu quarto e cantar canções de amor ao Senhor. Não raras vezes, ao sair dali, estava diante de mim a oportunidade clara de amar a Deus, ou seja, o outro, sobretudo o outro necessitado, e essa oportunidade eu deixava escapar.

Nenhum comportamento religioso é válido se não incluir o próximo como intermediação necessária. Talvez seja esse o princípio enunciado por Jesus, quando advertiu: "Se estás, portanto, para fazer a tua oferta diante do altar e te lembrares de que teu irmão tem alguma coisa contra ti, deixa lá a tua oferta diante do altar e vai primeiro reconciliar-te com o teu irmão: só então vem fazer a tua oferta" (Mt 5,23-24).

Apesar de não ser nova,[44] essa visão do amor *a* Deus permanece estranha para grande parte dos cristãos. Por mais que se fale sobre isso, a mentalidade da maioria das pessoas está condicionada a pensar nesses dois movimentos como se fossem duas coisas diferentes. A incoerência estaria apenas no fato de querer amar uma pessoa tão grande e misteriosa quando não se faz o mesmo nem em relação aos que são visíveis. E o que o texto bíblico revela é que pretender amar a Deus sem amar o próximo é não uma incoerência e sim *uma impossibilidade.*

A proposição de que o amor a Deus e ao próximo constitui uma única realidade reafirma o conceito de amor aqui estabelecido. Pois se o amor fosse sentimento abstrato, o que impediria uma pessoa de amar a Deus desconsiderando os outros? Algumas pessoas avaliam ser mais fácil amar a Deus do que ao próximo; afinal de contas, Deus é bom, compreensivo, acolhedor e sempre fiel, enquanto que o outro diz e faz coisas desagradáveis. Essa dicotomia não procede, pois o amor a Deus e o amor ao próximo não são duas coisas diferentes. Seriam duas realidades distintas se o amor fos-

---

[44] A novidade aqui consiste em considerar a afirmação à luz do conceito de amor, clareano o significado crucial de amor ao próximo.

se apenas sentimento, pois é possível sentir ódio pelo outro sem ter nenhum sentimento de repulsa a Deus. Mas como o amor é atitude pessoal e perene de esvaziamento na direção *do outro*, e como o relativo não pode se esvaziar em direção ao absoluto, *o próximo se torna a possibilidade mais concreta de amar a Deus.*

Não raras vezes Jesus critica o comportamento religioso dissociado da caridade, exortação já presente nos profetas do Antigo Testamento. Um texto emblemático é a parábola do fariseu e do publicano (cf. Lc 18,9-14), em que sua conclusão ("quem se humilhar será exaltado") pode ser compreendida no seguinte sentido: aquele que se rebaixar (na direção do próximo) será elevado (na direção de Deus).

O amor a Deus, entendido como movimento de esvaziamento na direção do próximo, dá sentido, ainda, ao mandato de Jesus de amar os inimigos (cf. Mt 5,43-44). Se o amor fosse apenas um sentimento, como seria possível a um sujeito amar seu inimigo? A dificuldade de obedecer a um mandamento como esse é causada, entre outras coisas, pelo entendimento equivocado a respeito do amor. Ora, dificilmente alguém sentiria satisfação em aproximar-se de um inimigo e/ou fazer-lhe um bem. Isso exige atitude de esvaziamento. Nesse caso, o que Jesus requisita não é um afeto subjetivo, mas uma atitude concreta de rebaixamento na direção do inimigo.

Acredito que esse entendimento de que o outro é a possibilidade concreta de amar a Deus tem a capacidade de revolucionar as relações humanas, especialmente entre os cristãos. Porque se o amor a Deus está condicionado ao esvaziamento na direção do outro, toda a vida fraterna será marcada por isso. Todos aqueles que desejarem sinceramente amar a Deus saberão que caminho tomar e não sofrerão de ilusões quanto a isso. Os atos de amor a Deus serão traduzidos em atos de amor ao próximo. No contexto da vida comunitária, ninguém terá a fantasia de que pode relacionar-se com Deus sem essa intermediação, como num encontro abstrato, movido por práticas piedosas e espirituais. É o fim dos isolamentos pessoais, cuja raiz, em larga medida, é a ilusão de que é possível ficar aos pés do Mestre enunciando e alimentando as queixas que se tem dos outros.

É importante destacar que o texto de Fl 2,6-8, que qualifiquei aqui como o conceito paulino de amor, não é uma consideração teológica do apóstolo a respeito de Cristo, mas a demonstração do exemplo de Jesus para ser aplicado na vida fraterna. Isso fica evidente nos versículos precedentes:

– "Completai a minha alegria, permanecendo unidos" (v. 2).

– "Cada qual tenha em vista não os seus próprios interesses e sim os dos outros" (v. 4).

– "Dedicai-vos mutuamente à estima que se deve em Cristo Jesus" (v. 5).

Tornar-se semelhante ao outro, assumir suas categorias mentais, esforçar-se por pensar como ele pensa: a vida comunitária deve ser marcada por isso, uma vez que não há mais a ideia idílica de que amar a Deus é uma atitude do plano estritamente transcendental. Amar a Deus é algo concreto, pois esse amor, por assim dizer, *encarna-se* nas atitudes de alguém para com os outros, especialmente o "outro diferente", ou seja, aquele que, mais evidentemente, pensa e age segundo categorias mentais que não são as do sujeito amante. Na realidade, só é possível *tornar-se semelhante* abrindo mão da própria condição, de um lado, e acolhendo o diferente, de outro.

É interessante observar também que a lógica joanina a respeito da necessidade de amar ao próximo para amar a Deus não está presente apenas em 1Jo 4,20, mas igualmente noutras partes da carta, a exemplo dos seguintes versículos:

– "Nisto temos conhecido o amor: Jesus deu a vida por nós; também nós devemos dar a nossa vida pelos nossos irmãos" (3,16).

– "Caríssimos, se Deus assim nos amou, também nós devemos amar uns aos outros" (4,11).

Note-se que a lógica não é: "se Deus nos amou, devemos amar *a Deus*" ou "se Jesus deu a vida por nós, devemos dar a vida *por Jesus*", mas: "se Deus nos amou e Jesus deu a vida por nós, também nós devemos nos amar *uns aos outros* e dar a vida *pelos irmãos*". Obviamente, nessa formulação está implícita a atitude de retribuição a Deus pelo seu amor, porém, mediada pelo outro.

O que está na base das relações humanas é a diferença.[45] Em certa medida, o que explica as desavenças e incompatibilidades entre irmãos é a incompreensão a respeito dessas dife-

---

[45] Cf. apêncice deste livro.

renças. Toda pessoa, se quiser amar, precisa fazer o movimento de esvaziamento para assumir as categorias mentais do outro, para acolher o diferente, para tornar-se semelhante a ele. Se não fizer isso, não ama nem a Deus e nem ao próximo.

Além disso, o conceito de amor aqui explicitado esclarece o significado dessa atitude normativa para um cristão e, penso eu, para todos aqueles que querem se autoconhecer. À luz desse conceito, o amor a Deus perde sua dimensão abstrata e não pode ser mais visto como dissociado do amor ao próximo. Pois negar ao outro a atitude de esvaziamento é a mesma coisa que negar a própria condição de filho de Deus. Isso fica bastante claro na segunda parte da parábola do filho reencontrado, que comento a seguir.

### Ele é teu irmão

A segunda parte da parábola do filho reencontrado, não por acaso, revela esta verdade: negar o outro é o mesmo que negar a própria condição de filho de Deus e, portanto, negar a possibilidade de estabelecer uma relação com o Senhor. Jesus conta que, após o retorno do filho mais novo e início dos festejos:

> O filho mais velho estava nos campos. Quando, ao voltar, se aproximou da casa, ouviu música e danças. Chamando um dos servos, perguntou-lhe o que era aquilo. Este lhe disse: "É teu irmão que chegou, e teu pai matou o bezerro gordo por tê-lo visto voltar bem de saúde".

Então ele se encheu de cólera e não quis entrar. O pai saiu para pedir-lhe que entrasse; mas ele replicou a seu pai: "Já faz tantos anos que eu te sirvo sem ter jamais desobedecido às tuas ordens; e a mim, nunca deste um cabrito sequer para festejar com meus amigos. Mas quando chegou esse teu filho, que devorou teus bens com prostitutas, mataste o bezerro gordo para ele!". Então o pai lhe disse: "Meu filho, tu estás sempre comigo e tudo o que é meu é teu. Mas era preciso festejar e alegrar-se porque este teu irmão tinha morrido, e está vivo; estava perdido, e foi re-encontrado" (Lc 15,25-32).

Diante da cólera do filho mais velho, o pai *saiu* a seu encontro. O gesto demonstra que o pai tinha em relação ao filho mais velho a mesma disposição de amar que tinha para com o mais moço. Também com aquele, o pai procurava estabelecer uma relação filial, baseada na liberdade e no amor. Tomaria a mesma atitude e faria a mesma festa se o transcorrido fosse com ele.

A saída do pai em direção ao filho mais velho revela que *a relação é mais importante do que os bens*, ainda que este, até então, tenha encarado sua presença em casa como uma servidão: "Já faz tantos anos que *eu te sirvo* sem ter jamais desobedecido às tuas ordens", disse no início de sua argumentação.

Essa é a atitude típica de quem se relaciona com Deus com base numa suposta obediência a regras e normas, obediência que compreende, em última análise, como o fruto dos esforços pessoais e, portanto, dignos de recompensa. O filho mais velho da parábola é o arquétipo de pessoas que estão dia e noite na Igreja, mas não amam seu irmão; apenas partilham de uma prática devocional, mas não conhecem a Deus. Comportam-se como esse filho, que estava na casa do pai, mas pensava que este era um patrão.

Era sua recompensa que o filho mais velho estava reivindicando. Ele se sentiu injustiçado porque se julgava merecedor. De certa maneira, seus argumentos são procedentes: "E a mim nunca deste um cabrito sequer para festejar com meus amigos". Parece censurável o modo como o pai o tratou, tratamento que agora está realçado pelos gastos com o irmão irresponsável. Pensando bem, qualquer um exigiria um castigo para o filho mais moço, ainda que fosse com intenção corretiva (para ele aprender). Poderia até recebê-lo, mas não sem um castigo que fosse justo.

Toda a argumentação do filho primogênito é bastante coerente, assim como também era coerente o raciocínio do filho mais novo quando se autossentenciou. No entanto, ambos não compreendem o coração do pai; são como cristãos que não conhecem a Deus.

O equívoco do filho mais velho não está contido na formulação de seus argumentos. Ele se manifesta na afirmação: "Quando chegou esse *teu* filho". Porque com isso ele se recusou a reconhecer o outro rapaz como seu irmão. Aqui, o filho mais velho pôs fim a sua relação com o pai. Ele se utilizou de uma argumentação meritória para negar alguém com quem tinha um vínculo originário. Ao fazer isso, ele estava negando também a sua condição de filho, na qual, na verdade, nunca tinha se percebido.

A recusa do outro como irmão implica necessariamente na recusa também do pai. Não há como separar essas duas coisas. Isso significa dizer que não é possível participar da filiação divina sem que se assuma concretamente a mútua pertença aos irmãos. Nesse contexto, quem é filho tem irmãos. Desde a Encarnação, não há mais filho único pois, no Filho, foi adotada uma grande multidão de gente.

Portanto, se ter misericórdia é uma exigência da própria natureza de Deus (ele é meu filho), ser misericordioso também é uma requisição da própria natureza de filho (ele é meu irmão). Também a pessoa humana *está obrigada a ter misericórdia*, sob pena de trair-se a si mesma e perder de vista sua própria identidade. E de ser infeliz. Essa abertura para outro é normativa.

"Ele é meu irmão" é a maior argumentação em favor do outro; isso justifica o perdão, porque perdoar não é amenizar o erro, mas colocar o argumento "ele é meu irmão" acima de qualquer outro. Perdoar não é um favor ou um gesto heroico, pois negar a misericórdia ao outro é como negar-se a si mesmo, o que pode estar na raiz de muitos desequilíbrios vividos pelas pessoas hoje em dia. É pelo amor – atitude pessoal e perene de esvaziamento na direção do outro – que o ser humano participa concretamente da natureza de Deus.

Note-se que o filho mais velho diz "eu te sirvo", e o pai diz: "estás sempre comigo". Grande é o desequilíbrio pessoal de quem se relaciona com Deus como se ele fosse um patrão. A pessoa tende a julgar a si mesma e aos outros a partir dos méritos pessoais e, nesse processo, perde-se completamente.

Para fortalecer sua argumentação contra o irmão, o filho mais velho ainda acrescentou que ele havia devorado os bens do pai *com prostitutas* (o que não procede). Também reclamou porque o pai matou justamente *o* bezerro gordo (o pronome é definido). Parece que se tratava de um animal especial, que o filho mais velho nunca matou certamente por medo de alguma represália, quando "tudo o que é meu é teu".

A resposta do pai retificou a colocação do filho: "Mas era preciso festejar e alegrar-se porque este *teu irmão* tinha morrido, e está vivo; estava perdido, e foi reencontrado" (grifo meu). O pai não disse "esse meu filho", mas "esse teu irmão", convidando o filho mais velho para partilhar de sua misericórdia. Essa partilha é o momento em que se conhece a Deus, pois se penetra em sua natureza misericordiosa e na alegria de amar: "Aquele que diz estar na luz e odeia a seu irmão, jaz ainda nas trevas" (1Jo 2,9). Alguns manuscritos colocam no início dessa frase do pai: "*Devias* festejar e alegrar-te". Porque na afirmação do outro como irmão reside a alegria de ser filho.

No ato de perdoar de alguns está implícito um sentimento: "Eu sou melhor do que ele". Esse é um perdão dado de um lugar intocável. Um filho está *obrigado* a perdoar, pois se não o fizer perde o vínculo com o pai e distancia-se de si mesmo, uma vez que nega sua condição essencial de filho. Na verdade, a postura de um discípulo nessa matéria excede a simples tomada de atitudes e gestos misericordiosos, ele deve ser um "lugar" de misericórdia, sem nunca negar que o outro é seu irmão.

"Ele é meu irmão!" Essa verdade deve superar todas as outras nos relacionamentos humanos. O que se requisita de um cristão não é que seja ingênuo e não perceba os erros dos outros, mas que jamais abandone a misericórdia, pois esta o torna filho e, portanto, herdeiro de todos os bens do Pai.

## Autoconhecimento e relação interpessoal

Conforme observei anteriormente, essa nova compreensão – não tão nova, diriam alguns – tem a capacidade de revolucionar as relações humanas no âmbito religioso. Porque se o entendimento do amor *a* Deus assume essa conotação de amor ao próximo como intermediação necessária, o esvaziamento na direção do outro adquire a primazia na prática religiosa.

Mas talvez o mais importante aqui seja perceber que, dessa maneira, *o próximo assume um lugar fundamental no processo de autoconhecimento*. Pois para conhecer-se a si mesma, a pessoa necessita do conhecimento de Deus; e, para conhecer a Deus, é necessário imitar seu movimento essencial de amor, o que só pode ser feito concretamente na direção do outro. Só quem faz esse movimento (esvaziamento) na direção do outro é capaz de conhecer a Deus. É João que de novo esclarece: "Caríssimos, amemo-nos uns aos outros, porque o amor vem de Deus, e todo o que ama é nascido de Deus e *conhece* a Deus" (1Jo 4,7 – grifo meu). E noutra parte: "Quem odeia seu irmão está nas trevas, e anda nas trevas, sem saber para onde dirige os passos; as trevas cegaram seus olhos" (1Jo 2,11).

É claro. Sigo aqui a proposição fundamental deste livro: a de que o autoconhecimento depende do conhecimento de

Deus (da experiência de Deus). O conhecimento de Deus está condicionado ao amor ao próximo, pois só quem ama conhece a Deus, e não é possível amar sem se esvaziar na direção do outro. Assim, *só é possível conhecer-se a si mesmo estabelecendo relações interpessoais de amor.*

Concretamente, isso ocorre porque, ao amar (ao esvaziar-se), a pessoa se reconhece nesse movimento, ou seja, faz algo próprio de si, característica de sua semelhança com o Criador e de sua filiação divina. Aqui aparece o segundo elemento de sua identidade fundamental, no mesmo patamar e em estreito vínculo com o primeiro (ser amado): ser amante. Quando ama, quando age com misericórdia, a pessoa constata: "sou eu", evoluindo em seu processo de autoconhecimento.

É nesse sentido que se pode afirmar que o autoconhecimento se constrói na relação interpessoal. É exercendo a misericórdia com os outros que o indivíduo se encontra com sua identidade essencial, ou seja, com a condição de filho de Deus amante. Presente nas relações humanas, o exercício da misericórdia – a face mais louca do amor – é um momento em que cada indivíduo que a exerce experimenta Deus, reconhecendo a si próprio no interior desse movimento de amor. É, de fato, um reencontro consigo.

Recusar reconhecer o outro como irmão e ir em direção a ele é como recusar o próprio conhecimento de Deus. A pessoa estará, então, abdicando também do autoconhecimento. Pois só se ama a Deus quando se ama o irmão. O outro é também a oportunidade mais concreta de se obter o conhecimento de si. Esse entendimento elimina o risco de um autoconhecimento egoísta, fechado em si mesmo, aquele tipo de busca para "conhecer-se por conhecer-se" que critiquei no início.

O processo de autoconhecimento inclui necessariamente a revelação do "eu" mediante o "tu". Entretanto, essa dimensão deve ser apreendida não como comumente se entende: ver nos erros dos outros as próprias limitações. O "tu" revela o "eu" à medida que o "eu" se esvazia na direção do "tu", e não quando aquele contempla neste sua fraqueza. Os "erros" dos outros servem ao sujeito apenas enquanto referência moral. Mas é na atitude concreta de amor que o indivíduo se reconhece; e isso só é possível porque existe outro a quem amar.

O conhecimento de Deus não é uma questão de meditação espiritual nem de prática devocional. Aquele que diz conhecer a Deus e não observa seus mandamentos é mentiroso porque não vive o amor concretamente (cf. 1Jo 2,4). Afirma São João: "Ninguém jamais viu a Deus, mas se nos amarmos mutuamente, Deus permanece em nós e seu amor em nós é perfeito" (1Jo 4,12).

Uma pessoa pode ter feito uma forte experiência subjetiva de Deus (ter sentido sua presença) – e esse é um momento importante, porque fundante –, mas, se não teve um encontro real com os irmãos, não conhece a Deus. De nada adiantam suas práticas espirituais e compromissos propriamente religiosos, ainda que tenha como centro o Sacramento da Eucaristia: "Uma Eucaristia que não se traduza em amor concretamente vivido é em si mesma fragmentária".[46] Até a devoção eucarística pode perder o sentido se não se ama o outro.

---

[46] BENTO XVI, *Deus caritas est*, n. 14.

Um entendimento falso sobre o amor *a* Deus pode conduzir a pessoa a um isolamento ou à ilusória atitude de afastar-se dos irmãos, especialmente daqueles que lhe contrariam, imaginando que, ainda assim, não está se apartando de Deus. Ao recusar a relação com o outro diferente, o indivíduo não só se separa de Deus como também se afasta de si mesmo. Aqueles que agem assim são movidos por uma postura egoísta, respaldada pela ideia que se tem de que o amor a Deus independe da atitude de aceitação do outro diferente. Muitos dos que se afastam de Deus pensam que não o abandonarão porque podem amá-lo em qualquer lugar, até de forma mais livre, sem o incômodo dos outros. Quanto engano! Alguém abandona Deus a partir do momento em que abandona os irmãos. E esse também é o momento em que o homem perde sua identidade.

A proposição de 1Jo 2,3 é uma espécie de avaliação: "Eis como sabemos que o conhecemos: se guardamos seus mandamentos". Ora, os mandamentos foram resumidos em "amar a Deus e ao próximo". E esses dois são um. Assim, o conhecimento de Deus e de si mesmo é verificado "de maneira concreta" e não abstrata.

O caminho para o autoconhecimento se torna, dessa maneira, ainda mais claro. Como numa simbiose perfeita, o homem deve buscar a Deus via práticas espirituais e esvaziamento concreto na direção do outro, encontrando nessa via de mão dupla o entendimento a respeito de si mesmo. O outro, então, provoca uma revelação substancial, talvez a mais importante da vida humana: a identidade essencial do ser humano contida na doação, assunto sobre o qual discorrerei no último capítulo, a seguir.

## 5

## TUDO ESTÁ CONSUMADO

## REALIZAÇÃO DO EU
## NA PERSPECTIVA DO AMOR

### Desça agora da cruz, para que vejamos

O entendimento de que o amor é esvaziamento traz à tona uma questão provocante: a da realização pessoal. Mais especificamente, a pergunta que emerge é esta: é possível que o ser humano realize-se como pessoa a partir de uma atitude-tipo que, em princípio, seria como que uma negação de sua individualidade? Essa dúvida está subjacente ao pensamento moderno, tendendo o homem atual a pensar que não.

A desconfiança a esse respeito se traduz em frases comumente utilizadas nos dias de hoje, tais como: "você tem que cuidar de você", "tenha amor próprio" ou "você tem o direito de ser feliz"; e existe também pelo fato de se ter disseminado a ideia de que tudo aquilo que implica renúncia pessoal se opõe à realização do eu. Mesmo em ambientes cristãos, a renúncia de si e a doação de vida, ao menos aquelas que se exprimem mais radicalmente, são coisas avaliadas como reprováveis, o que, do ponto de vista do Evangelho, é um despropósito e demonstra o modo significativo como o ser humano de hoje está sendo treinado para o egoísmo.

Ora, seria no mínimo estranho imaginar que aquilo que pertence ao núcleo identitário do ser humano conduza-o a uma frustração pessoal que o tornaria infeliz. Se a condição de "amado" e de "amante" está no centro de sua identidade, e o ser humano reconhece isso quando se relaciona com Deus e com os semelhantes na perspectiva do amor, o movimento do amor deve conter os elementos necessários para proporcionar-lhe a realização pessoal. Acredito que encarar essa questão de frente é fundamental para o que estou propondo: autoconhecimento a partir da experiência de Deus.

Contudo, não é com argumentação teórica – pelo menos não em princípio – que se constata a capacidade que tem o amor de realizar a pessoa humana. Para entender como isso acontece é necessário, antes, observar a vida de Jesus e perceber a sua trajetória, ou seja, o modo como Ele amou e a consequência disso para a sua realização pessoal.

O curso da vida de Jesus foi essencialmente descendente, e não ascendente. Jesus escolheu o rebaixamento, unindo a sua vontade com a vontade do Pai. O desfecho na cruz frustrou as expectativas das pessoas, inclusive de seus seguidores. Jesus foi uma grande decepção para os chefes da nação judaica, para os discípulos e para o povo. Sua reconhecida sabedoria e poder faziam as pessoas pensarem que ele seria "um grande homem". Provavelmente, a dificuldade do povo e dos discípulos de entenderem a atitude de Jesus – entrega até à morte – reside também no fato de que ele tinha um imenso potencial humano, que poderia tê-lo transformado no rei de Israel.

A cena de sua crucifixão e morte é particularmente reveladora dessa condição assumida por Jesus e que desaponta a todos: "Os transeuntes o insultavam *meneando a cabeça* e dizendo: 'Olá! Tu que destróis o Santuário e o reconstróis em três dias, salva-te a ti mesmo descendo da cruz'" (Mc 15,29-30). O gesto daqueles que observavam Jesus é emblemático: meneavam a cabeça. Trata-se de um sinal de *reprovação*. Era inadmissível que uma pessoa tão capacitada tivesse transformado sua vida "naquilo". Os que não reprovam por convicção, fazem-no por pena ou porque não entendem aquela opção. A escolha de Jesus agride a mentalidade dos homens de seu tempo; por causa disso, eles o desprezam.

Aqui, é importante compreender algo: aqueles que amam identificam-se com Cristo nesse nível, ou seja, no nível de sua morte. Os *atos* de doação e renúncia da própria vida que a pessoa faz a colocam na mesma condição que a de Jesus: crucificado para o mundo. Quando nega os projetos seculares e considera mais importante amar, o discípulo de Jesus se expõe para o mundo como crucificado. Ele é um escândalo.

Socialmente, uma pessoa é reconhecida pelo caminho ascendente que faz. Mas o amor propõe o caminho inverso. Quando uma pessoa se projeta para o mundo de uma maneira que o mundo não entende, evidentemente, ela sofre as consequências de sua opção. Nesse momento, ela pode entrar numa crise existencial profunda. Isso porque persistem nela os resquícios de sua mentalidade velha: a necessidade de uma autoafirmação *social*. O estado de "semelhante a Jesus" se choca com a mentalidade e com as expectativas seculares próprias e dos outros.

Em situação de crise, a pessoa tenderá a olhar para si e sentir-se um nada, frustrar-se com a própria vida. Principalmente aquelas pessoas que não estudaram, não se casaram ou que perderam oportunidades múltiplas de "subir na vida" por causa das opções que fizeram em favor do evangelho e de sua propagação. Elas sofrem muito quando se confrontam com amigos, irmãos, pessoas de sua época que conseguiram atingir alto grau de sucesso na vida. Uma pergunta não quer calar-se: "E eu? O que sou?". Note-se que, no fundo, trata-se de uma crise de identidade.

Bate um sentimento dilacerante de "o que eu fiz com a minha vida?", às vezes agravado pelas incompreensões e descaso das próprias pessoas beneficiadas por sua doação pessoal. Gera-se uma insatisfação com a própria vida e com as consequências das opções feitas. Isso é fruto da mentalidade secular, a qual defende que toda pessoa deve fazer uma trajetória ascendente se quiser se autorrealizar.

A pessoa, então, começa a sentir uma pressão social, até porque não sabe explicar para os outros o que fez consigo mesma. Bate um sentimento de incapacidade e de fracasso. Questiona-se a própria identidade, e isso vai fundo na autoimagem. Todo o projeto de vida evangélica pode arruinar-se nesse momento. Alguns não suportam e voltam atrás, passando a se dedicar a perseguir velhos sonhos, como numa tentativa desesperada de readquirirem o que perderam. Querem estudar, trabalhar, crescer. Voltam atrás à procura da vida que deixaram. Aqui está a origem da desistência de muitos consagrados: é muito difícil prosseguir sentindo-se incapaz.

No evangelho, fica evidente que, logo após o ato de reprovação e desprezo sofrido por Jesus (meneavam a cabeça), vem a grande tentação: "Ele salvou a outros e não pode salvar-se a si mesmo. O messias, o rei de Israel, *desça agora da cruz, para que vejamos e acreditemos*" (Mc 15,31b-32 – grifo meu). A asserção é em tom de repto. Os interpeladores de Jesus o provocam e o desafiam a provar que é capaz. Todo discípulo de Jesus se defrontará com isso em algum momento, oportunidade em que se sentirá desafiado a provar sua competência humana.

No ápice do processo, a pessoa pode se sentir abandonada pelo próprio Deus. Ela vive uma nostalgia radical e coloca em questão todas as opções que fez. Isso pode assumir ares de coisa fundamental para o próprio equilíbrio identitário pessoal. E a pessoa não terá outra escolha: ela "descerá da cruz". A menos que perceba como Jesus viveu interiormente esse processo.

## Tudo está consumado

A necessária compreensão a respeito da vida espiritual pode evitar as possíveis consequências nefastas que advêm desse momento decisivo na vida de um discípulo, ou seja, o instante em que ele descobre que fez uma trajetória descendente e que está crucificado para o mundo. Seu trajeto pessoal se assemelha ao de Jesus, e ele sofre da parte do mundo interpelações semelhantes às que Cristo sofreu no momento de sua crucifixão.

Disse que essa é a ocasião em que, não raras vezes, a pessoa mesma, por causa dos resquícios de sua mentalidade secular, coloca em xeque seu projeto identitário evangélico e "desce da cruz", ou seja, renuncia sua identificação com Cristo. A não ser que compreenda e assimile o modo como Jesus viveu interiormente sua paixão e morte.

Eu quis saber qual era a autoimagem de Jesus quando ele estava na cruz, instante ápice de sua trajetória descendente.[47] Pode parecer esquisito especular sobre os sentimentos interiores de Cristo, mas a narração bíblica permite isso. Encontrei a resposta para minha indagação em Jo 19,30: "Havendo Jesus tomado do vinagre, disse: 'Tudo está consumado'. Inclinou a cabeça e rendeu o espírito". "Tudo está consumado" é a frase fundamental.

Saltou ao meu coração uma expressão de positividade, como de alguém que se regozija diante de uma obra. Como quando uma pessoa conclui algo e fica admirada com o que fez. Jesus olhou para si mesmo e para sua vida humana e constatou ser bom o que fez com ela. Por causa disso, ele se alegrou.

A expressão de Jesus (Tudo está consumado) assume a mesma conotação daquela presente no livro de Gênesis quando Deus apreciou a criação concluída: "Deus contemplou toda a sua obra e viu que tudo era muito bom" (Gn 1,31a). De fato, a *obra* de Cristo que se completa na cruz é a nova criação do homem. Jesus teve o mesmo sentimento que o Pai teve quando terminou a obra da criação.

---

[47] Cf. Ronaldo José de Sousa, *Fogo sobre a terra*, p. 69-70.

Isso fica ainda mais evidente quando se faz um paralelo entre os dois acontecimentos: a contemplação de Deus se deu no sexto dia, que foi exatamente o dia da morte de Jesus (cf. Gn 1,31b; Jo 19,31). A certeza de que fez tudo certo é tão interiormente forte em Cristo que, logo após dizer "Tudo está consumado", ele *inclinou* a cabeça e morreu (cf. Jo 19,30b). O que não é outra coisa senão o repouso sabático do Filho, como também o Pai havia repousado no sábado (cf. Gn 2,2).

Para mim, está absolutamente claro que a autoimagem de Jesus estava revestida de uma positividade tal, que as interpelações dos transeuntes no calvário não foram bastante para fazê-lo reconsiderar as opções que havia feito. Na verdade, as provocações vindas "de fora" nunca são suficientes para fazer com que alguém desista de algo a que entregou sua vida inteira. Isso só é possível mediante um questionamento interior, ainda que este seja provocado pelo que se escuta dos outros e do ambiente social. Assim, toda vez que alguém "desce da cruz" é porque não está convencido interiormente do valor de suas opções.

Muitas pessoas conseguiram expor-se para o mundo como "crucificados". Elas foram sinais visíveis e concretos da atualidade do evangelho e atraíram muitos para Deus. Ou seja: sua imagem exterior era a de outro Cristo. Entretanto, não conseguiram absorver essa identidade como *autoimagem* positiva; não estão persuadidas no íntimo quanto à validade suprema do caminho que trilharam. De certa maneira, desconhecem *o sentido* de sua doação.

Lendo a Escritura, observei que a fonte da realização propriamente humana de Jesus é sua doação de vida. Isso é algo sobre o que os discípulos de Cristo precisam se debruçar. O amor (entendido como esvaziamento) é capaz sim de realizar o homem, porque é sua identidade mais profunda. A trajetória ascendente leva ao vazio existencial. Quantos não adquirem múltiplas conquistas e, depois de tudo, sentem-se como se algo lhes faltasse. Jesus se realizou, *humanamente falando*, a partir de sua ação pessoal e perene de esvaziamento. Ele encontrou no próprio ato do amor a plenitude da realização pessoal.

Isso indica – repito – que o amor tem a capacidade de realizar o ser humano. Adverte também para o fato de que a realização do eu e a felicidade (que são a mesma coisa) entendida como fruto de uma trajetória ascendente (subir na vida) são um equívoco da mentalidade secular, motivo de tantas frustrações ou ilusões pessoais que distanciam o homem de si mesmo e o conduzem a um abismo de frustração final. O homem não se encontra plenamente a não ser no dom sincero de si mesmo.[48] E isso não foi ainda descoberto por grande número de cristãos, talvez porque estes vivam sua fé sem se despojarem da mentalidade velha.

Diante da doação de vida, o discípulo amado e amante constata: "Estou pregado à cruz de Cristo" (cf. Gl 2,19b). Essa constatação vem acompanhada de um sentimento de júbilo e alegria inexaurível. Depois de um processo de doação, ele olha para si mesmo e para todas as renúncias feitas, e diz como Jesus: "Tudo está consumado. Fiz o que devia ter feito e fiz

---

[48] Cf. Concílio Ecumênico Vaticano II, *Gaudium et spes*, n. 24.

certo. É muito bom. Posso descansar porque o que fiz com minha vida me plenifica como pessoa e me realiza". Assim, o amor (que em princípio é uma negação de si) se torna a grande possibilidade de realização pessoal, pois na verdade implica uma afirmação de si.

Por que o amor tem essa capacidade? Porque ele outorga conhecimento. Nenhuma pessoa pode se sentir realizada se não conhece o que faz. Seria como um escravo ignorante ou como um animal movido a estímulos. Na verdade, a pessoa que não ama e persegue um crescimento estritamente social faz isso porque reage a uma incitação cultural. Ela não *conhece*, no sentido pleno, as razões de sua busca. Por causa disso, não raras vezes a vida perde o sentido após as conquistas. O indivíduo que ama, ao contrário, sabe o que faz, reconhece-se a si no movimento do amor e atinge perfeito autoconhecimento.

Não há realização na ignorância. Falo aqui não da ignorância intelectiva, mas da falta de saber *existencial*. Pessoas que acumulam conhecimento objetivo, seja científico, técnico ou vivencial, mas que não conhecem o cerne de sua existência, frequentemente sentem-se sem razões para viver. *Conhecer* é o segredo da vida. E são os atos de doação que promovem esse conhecimento, porque o esvaziamento aproxima o homem daquele que existe em si mesmo: Deus. E da sabedoria que partilha de seu trono (cf. Sb 9,4a).

Outrossim, a realização do eu depende do indivíduo ser aquilo que é, não em sentido funcional, mas ontológico. Com efeito, algo *se realiza* quando efetivamente *acontece*. O ser humano "acontece" quando faz aquilo que o distingue dos outros seres. Destarte, quando experimenta Deus, a pessoa constata que é amada. E quando se esvazia, compreende a sua condição de amante. "Concretiza-se", então, o ser humano, mediante o conhecimento daquilo que lhe é específico e constitutivo.

Os atos de doação dão sentido à existência, sentido que não se encerra com a velhice ou com a morte, mas que perdura pela eternidade. Para aquele que ama não há estágio final. Há, pelo contrário, um percurso interminável de conhecimento, pelo qual o indivíduo entende o significado da vida humana. Na minha percepção, foi também isso que Jesus intentou expressar quando afirmou: "Aquele que tentar salvar sua vida, perdê-la-á. Aquele que a perder por minha causa, reencontra-la-á" (Mt 10,39).

São Paulo exorta ao despojamento do "homem velho". É necessário *revestir-se* do homem novo – diz ele – "criado à imagem de Deus, em verdadeira justiça e santidade" (cf. Ef 4,24). O homem novo é Jesus, e "revestir-se" significa assumir em si mesmo os contornos de sua imagem. A identificação com Cristo está no topo do trajeto de autoconhecimento que dá sentido à vida. É por isso que o Crucificado atrai aqueles que buscam a liberdade.

Quando olho para Jesus é como se estivesse vendo a mim mesmo em sua forma acabada. Essa identidade, eu a persigo como se perseguisse a minha própria. Do mesmo modo, quando olho para mim, é como se visse Jesus. Na verdade, sinto como se ele vivesse em mim. De certa maneira, eu *já sou* ele. É como *reconhecer-se* no Senhor e ter os mesmos sentimentos de Cristo (cf. Fl 2,5).

Para se chegar a essa compreensão é necessária uma mentalidade nova e desvinculada da cultura deste mundo. Pensando como os homens deste século, a pessoa que identificar em si mesma a figura de Jesus Crucificado só sentirá vergonha, quando a cruz deveria ser a sua glória (cf. Gl 6,14). Do contrário, isso se tornará uma imensa possibilidade de realização do eu. A pessoa perceberá que não se conformou (no sentido de "tomou a forma") a esse mundo, podendo afirmar sem medo: "Por conseguinte, que ninguém me atormente; pois eu trago em meu corpo as marcas de Jesus" (Gl 6,17).

Inicialmente, a experiência de Deus normalmente é marcada por uma alegria intensa: a alegria de ter encontrado um tesouro, pelo qual não se hesita em dar tudo o que se possui (cf. Mt 13,44). É muito bom experimentar Deus pela primeira vez. A sensação de ser amado, a certeza da presença do Senhor, o sentido mais ou menos claro que as coisas e os acontecimentos ganham, tudo isso dá prazer sob todos os aspectos.

Ora, se a primeira experiência é tão boa assim, *imensamente maior é o gozo de se assemelhar a Jesus*. Ao completar-se o processo experiencial, ou pelo menos quando este atinge certo grau de desenvolvimento, acolhido e vivenciado intensamente com uma mentalidade evangélica, a pessoa sente-se completa, encontrada, autoafirmada e realizada no amor.

O prazer advém não de uma vida sem desafios e sofrimentos, mas da percepção de que o indivíduo foi tornado semelhante a Jesus e do *sentido existencial* que isso possibilita. Agora, não é mais questão de "sentir sua presença", como se Deus fosse uma força externa que visitasse a pessoa de vez em quando (de certa forma, foi isso que se vivenciou na experiência fundante), já que a pessoa mesma está assemelhada a Jesus. Em certo sentido, ela é Ele. As duas vontades estão identificadas. Nada há na pessoa que não esteja tomado pelo Senhor. Não há mais instabilidade (sentir ou não sentir), pois "Eu vivo, mas não sou mais eu, é Cristo que vive em mim" (Gl 2,20a).

O sabor da experiência de Deus só entende quem a vive. Tenho para mim que não seria possível explicar o prazer que se tem ao se completar na pessoa o processo de identificação com o Senhor. A cruz será sempre um escândalo para as mentes mais argutas e até para as mais pragmáticas. Todavia, ser igual a Jesus contém uma satisfação inexplicável.

Fazer o homem a sua imagem e semelhança, na verdade, sempre foi o projeto de Deus. Atingida pelo pecado, a autoimagem pessoal é reencontrada no homem Jesus. Essa é a grande possibilidade que a pessoa tem de se autoconhecer de uma maneira quase que acabada. Esse é um mistério que a maioria das pessoas, mesmo cristãs, ainda não descobriu. Ou que, espero sinceramente, descobriu ou pelo menos despertou para ele aqui, quase no fim da leitura deste livro. Pois esse entendimento dá maior sentido às palavras de Jesus: "Porque a vós é dado conhecer os mistérios do Reino de Deus, ao passo que a eles não é dado" (Mt 13,11) e "Pai justo, enquanto o mundo não te conheceu, eu te conheci, e estes reconheceram que tu me enviaste" (Jo 17,25).

## Sede meus imitadores

Para se assemelhar a Jesus, é necessário assumir o mesmo estilo de vida que ele assumiu. A pessoa que faz, igualmente o Senhor, uma trajetória descendente, experimenta o quanto o amor pode conduzir à realização do eu, mesmo sendo uma atitude-tipo que, em princípio, significaria uma negação de si.

Biblicamente, essa imitação da vida de Cristo é, mormente, visibilizada por São Paulo. Vejamos, ainda que sinteticamente, a trajetória pessoal desse apóstolo. Ela ajudará a perceber como a imitação de Cristo realiza a pessoa humana e constitui, no fim das contas, um caminho de busca da própria identidade.[49] No caso de Paulo, ele se inicia concretamente a partir do momento de sua conversão:

> Enquanto isso, Saulo só respirava ameaças e morte contra os discípulos do Senhor. Apresentou-se ao príncipe dos sacerdotes e pediu-lhe cartas para as sinagogas de Damasco, com o fim de levar presos a Jerusalém todos os homens e mulheres que achasse seguindo essa doutrina. Durante a viagem, estando já perto de Damasco, subitamente o cercou uma luz resplandecente vinda do céu. Caindo por terra, ouviu uma voz que lhe dizia: "Saulo, Saulo, por que me persegues?". Saulo respondeu: "Quem és, Senhor?". Respondeu ele: "Eu sou Jesus, a quem tu persegues" (At 9,1-5b).

---

[49] Ajudou-me muito nessa percepção as reflexões de Alessandra Freitas Dantas de Sousa, feitas durante uma palestra para um grupo de pregadores.

Paulo *respirava* ameaças contra os cristãos. A respiração é algo necessário à vida. A palavra utilizada pelo autor dos *Atos* parece indicar exatamente o que significava para aquele judeu zeloso perseguir os cristãos. É como se Paulo precisasse daquilo para viver. Na verdade, era um comportamento repleto de intensidade para com aquilo em que acreditava. Essa característica, presente antes mesmo de sua conversão, será canalizada para sua posterior vivência cristã. Paulo era determinado, ousado e atrevido.

Entretanto, tais traços da personalidade paulina podem ser considerados periféricos. Antes de seu encontro com Jesus, Paulo ainda não conhecia a sua real e verdadeira identidade. Por causa disso, suas qualidades psicológicas estavam como que a serviço de um núcleo ideológico falso: um judaísmo arrogante e exclusivista. Foi no caminho de Damasco que ele se defrontou com alguém que lhe revelou coisas que ainda não compreendia a respeito de si mesmo.

Naquele cerco de luz e naquela queda, Paulo foi profundamente questionado a respeito do seu projeto de vida: "Por que me persegues?", perguntou-lhe Jesus. A frase aparentemente despretensiosa tem um conteúdo desestruturante. Paulo era um homem respeitado e admirado, tinha um currículo invejável, venceu na vida segundo os padrões humanos. Tinha a confiança das autoridades e seus inimigos o temiam. Foi como se Jesus perguntasse: "Onde reside sua inquietude e insatisfação?". Ou ainda: "Até quando perseguir cristãos dará sentido a sua vida?".

Paulo deve ter tomado um susto, porque ninguém até então havia visto o coração dele. Todos percebiam apenas o exterior e, por causa disso, não notavam que Paulo perseguia, na verdade, a si mesmo. De repente, um desconhecido o fitou profundamente e o amou. Na forma de Jesus questionar, ele amou Paulo. Foi a sua experiência de Deus.

Após o encontro pessoal com Jesus, Paulo entrou numa espécie de crise qaunto à compreensão que tinha a respeito de si mesmo. O amor o desarmou, e isso gerou nele uma verdadeira convulsão identitária. A cegueira foi o sintoma de sua indefinição, pois sua personalidade antes tão bem "definida" havia se desmontado (cf. At 9,8). Daí em diante, Paulo não sabia mais para onde iria. Todas as suas certezas ruíram. Aquilo que ele pensava que era esvaeceu diante dessa nova experiência.

Os três dias que ficou sem comer não foram jejum, mas o indício de sua nostalgia interior. Paulo não era mais o mesmo e sabia disso. Essa "fase sublimal" de sua experiência deixou-o completamente sem perspectiva de vida.[50] Ele não era mais o homem forte e decidido que achava. Na verdade, o amor o havia desmontado. Em sua fanfarronice extremada, Paulo nunca tinha se permitido ser amado, mas agora havia se encontrado com o próprio amor, e isso se tornara decisivo.

---

[50] Cf. Amadeo CENCINI, *Amarás o Senhor teu Deus*, p. 107. Para Cencini, "O verdadeiro problema, nesta fase sublimal, é que os valores e os critérios antigos já não existem (...). De outro lado, os novos valores ainda não se manifestaram totalmente. [A pessoa] os percebe e os entretevê, mas ainda não os sente como próprios".

Note-se que a falta de visão, comida e bebida induz a pensar na condição de uma pessoa morta. Três dias lembram o quê? O tempo em que Jesus ficou no sepulcro. Paulo, portanto, "participou" da morte de Cristo e, pelo batismo, de sua ressurreição. Depois de ser batizado, tomar o alimento e sentir-se fortalecido, ele foi introduzido noutra realidade: aquela em que a pessoa morre para o mundo e ressuscita para Deus.

O apóstolo traduziria isso mais adiante com as seguintes palavras: "Todos os que fomos batizados em Jesus Cristo fomos batizados na sua morte. Fomos, pois, sepultados com ele pelo batismo, para que, como Cristo ressurgiu dos mortos pela glória do Pai, assim nós também vivamos uma vida nova" (Rm 6,3-4).

Curiosamente, a vida de Paulo se complicou após o seu encontro com Jesus. Ele não podia voltar para Jerusalém e falar de sua experiência aos que lhe haviam autorizado a viagem. Não seria compreendido e correria risco de vida. Em Damasco mesmo, quase foi assassinado (cf. At 9,23-25). Também teria dificuldades de se inserir entre os cristãos, pois todos tinham medo dele e sabiam de sua fama. Acreditariam em sua conversão? Muito provavelmente não, coisa que pode ser subtendida a partir da própria resistência de Ananias de ir ao seu encontro. Deus mesmo ordenou àquele discípulo de Damasco, que se dirigisse até onde Paulo estava hospedado, mas ele contrastou: "Senhor, muitos já me falaram desse homem, quantos males fez aos teus fiéis em Jerusalém. E aqui ele tem poder dos príncipes dos sacerdotes para prender a todos aqueles que invocam o teu nome" (At 9,13-14).

O medo de Ananias de ir até Paulo é perfeitamente compreensível e só foi superado pelo esclarecimento vindo da parte do Senhor: "Vai porque este homem é para mim um instrumento escolhido, que levará o meu nome diante das nações, dos reis e dos filhos de Israel. Eu lhe mostrarei tudo o que terá de padecer pelo meu nome" (At 9,15-16). "Ah! Se é para mostrar o quanto ele vai sofrer, eu vou!" Será que Ananias pensou assim? Não se sabe. De qualquer maneira, aquela visita não era uma paga pelo que Paulo fizera com os cristãos. Começava ali a revelação da verdadeira identidade de Paulo: um instrumento escolhido que haveria de sofrer por causa da intensidade com que se doaria à sua missão. Sofrimento que, como se verá adiante, não atinge a positividade de sua autoimagem.

Aos poucos, Paulo foi superando a crise e assimilando seu novo projeto identitário. Introduzido na comunidade dos cristãos, deve ter convivido com a desconfiança de seus irmãos ainda por um bom tempo, o que talvez tenha contribuído para que aprendesse a ser humilde.

Muito provavelmente, o que convenceu os discípulos de Jesus a respeito da autenticidade da conversão de Paulo foi seu *testemunho*. Ele não ficou contando sua história entre os cristãos, mas arriscou-se indo aos judeus. Logo que começou a pregar nas sinagogas, Paulo iniciou a experiência do rebaixamento: ele que entrou em Damasco com todas as pompas, teve que sair dali dentro de um cesto, como um fugitivo qualquer (cf. At 9,25).

O processo pelo qual Paulo foi assemelhado a Cristo tornou-se cada vez mais intenso. O apóstolo parece resumi-lo na Carta aos Filipenses, na qual explana o que o Verbo fez – o rebaixamento de Cristo que, conforme ressaltei aqui, contém o conceito paulino de amor (cf. Fl 2,6-8) – e, mais adiante, demonstra sua própria atitude descendente. Vejamos:

> No entanto, eu tenho motivos de ter confiança em mim mesmo. Se um outro crê poder confiar em si mesmo, eu o posso ainda mais; eu, circuncidado ao oitavo dia, da raça de Israel, da tribo de Benjamim, hebreu, filho de hebreus; quanto à lei, fariseu; quanto ao zelo, perseguidor da Igreja; quanto à justiça que se encontra na lei, tornado irrepreensível (Fl 3,4-6).

Em parte alguma da Bíblia, Paulo enumerou tantos títulos como aqui.[51] Sua intenção parece ser caracterizar bem sua posição ou, melhor dizendo, sua *condição*. Ela obedece aos padrões de prestígio e afirmação pessoal requeridos em seu tempo e em sua cultura. Deixando claro o lugar que ocupa, ele prepara e realça a atitude que o assemelha a Jesus:

> Ora, todas essas coisas que para mim eram ganhos, eu as considerei como perda por causa de Cristo. Como não, eu considero que tudo é perda em comparação deste bem supremo que é o *conhecimento* de Jesus Cristo, meu Senhor. Por causa dele perdi tudo e considero tudo isso como lixo, a fim de ganhar a Cristo e *ser achado nele* (Fl 3,7-9a – grifos meus).

---

[51] Cf. Bíblia – Tradução Ecumênica, p. 2284.

Paulo assumiu uma atitude de esvaziamento. Na verdade, é uma imitação do Senhor, e isso o tornou semelhante ao Mestre. Tornar-se semelhante a Jesus não é, portanto, algo abstrato, através do qual se busca contemplar e imitar as características divinas. É necessário *reproduzir* o movimento essencial de Deus.

Tornar-se semelhante a Jesus não é realizar seus milagres ou pregar fluentemente em seu nome (cf. Mt 7,22-23). É *fazer igual*, ou seja, assumir atitude pessoal e perene de esvaziamento em direção ao outro; é o *conhecimento* em concreto que, no sentido bíblico, não é descoberta intelectual, mas vínculo vital íntimo.[52]

O mais interessante – e isso ressalta a capacidade que o amor tem de realizar o eu – é que ao anunciar as perdas pelas quais passou, Paulo não exprime nenhuma dor ou frustração. Pelo contrário: ele manifesta segurança pessoal, considerando que fez uma boa escolha quando optou por ser igual a Jesus. Não é à toa que a alegria é uma das notas características da epístola aos Filipenses; para mim, a carta exprime o tempo todo a alegria de um discípulo pelo que fez com a própria vida.

Noutra missiva – aos Coríntios – Paulo descreve as consequências de sua opção, algo nada parecido com as honras e a distinção que pleiteava antes de deparar-se com Jesus:

> Muitas vezes vi a morte de perto. Cinco vezes recebi dos judeus os quarenta açoites menos um. Três vezes fui

---

[52] Cf. Ibid, p. 2285.

flagelado com varas. Uma vez apedrejado. Três vezes naufraguei, uma noite e um dia passei no abismo. Viagens sem conta, exposto a perigos nos rios, perigos de salteadores, perigos da parte de meus concidadãos, perigos da parte dos pagãos, perigos na cidade, perigos no deserto, perigos no mar, perigos entre falsos irmãos! Trabalhos e fadigas, repetidas vigílias, com fome e sede, frequentes jejuns, frio e nudez! Além de outras coisas, a minha preocupação cotidiana, a solicitude por todas as igrejas! (2Cor 11,23c-28).

Esse segundo currículo paulino não é nada invejável. Quem pleitearia viver como Paulo? Diante dele, todos meneariam a cabeça, como fizeram com Jesus. Isso seria motivo de frustração pessoal. Contudo, o que se vê em seus escritos é a transparência de uma forte convicção interior acerca de sua identidade pessoal e uma autoimagem extremamente positiva. Sente-se em Paulo uma autoconsciência muito amadurecida a respeito de sua condição e uma autoafirmação quase plena no modelo que adotou, embora este seja abjeto às mentes humanas e esteja em contradição com aquilo que ele mesmo havia perseguido na vida antes de conhecer Jesus.

"Não me envergonho do Evangelho", diz em Rm 1,16. Paulo sente-se à vontade para considerar o evangelho de Jesus como sendo também seu, uma vez que também ele se encontra crucificado (cf. Rm 2,16; 15,25; Gl 2,19b). O apóstolo não tem honras nem mesmo religiosas, pois entre os seus é muitas vezes considerado impostor; avalia-se, no entanto, como uma pessoa verdadeira (cf. 2Cor 11,1-14). Ele afirma que nada pode separá-lo do amor: "Sim, eu tenho certeza:

nem a morte nem a vida, nem os anjos nem as dominações, nem o presente nem o futuro, nem as potências, nem as forças das alturas, nem as das profundezas, nem outra criatura alguma, nada poderá separar-nos do amor de Deus, manifestado em Jesus Cristo, nosso Senhor" (Rm 8,38-39).

Paulo é livre para *se fazer* tudo para todos (cf. 1Cor 9,19-22; Gl 4,12). A graça de Deus o transformou num homem que suportava tudo. Chegou a ter uma doença que causava repugnância, como também Jesus causou ojeriza aos olhares altivos. "Mas o que sou, devo-o à graça de Deus, e sua graça não foi vã a meu respeito" (1Cor 15,10).

Em alguns momentos, Paulo deixa fluir abertamente a percepção positiva que tem de si, ainda que com certo receio de parecer presunçoso: "O que vou dizer, não o digo segundo o Senhor, mas como em plena loucura, na certeza de ter de que me vangloriar" (2Cor 11,18). E começa e se comparar com aqueles que se consideram realizados humanamente falando: "Eles são hebreus? Eu também! Israelitas? Eu também! Da descendência de Abraão? Eu também! Ministros do Cristo? Vou proferir uma loucura: muito mais eu!" (2Cor 11,22-23). Mas sua realização não consiste em seus títulos, e sim na identificação com Jesus. Nem por isso ele se considera inferior a esses "superapóstolos" (cf. 2Cor 12,11).

Quem fez a experiência de Deus pode, serenamente, discorrer sobre si mesmo com espírito de gratidão: "Ah! Se eu me quisesse orgulhar, não seria louco, só diria a verdade", afirma Paulo. Entretanto, ele se abstém disso, "para que não tenham a meu respeito uma opinião superior ao que se vê de mim ou ao que me ouvem dizer" (2Cor 12,6). Mas ele tem uma "justa estima" para consigo mesmo (cf. Rm 12,3).

Toda essa compreensão fez de Paulo um homem que sabia viver bem: "Aprendi a *bastar-me a mim mesmo* em qualquer situação. Sei viver na penúria, sei viver na abundância. Aprendi, em toda a circunstância e de todos os modos, tanto a estar saciado como a ter fome, a viver na abundância como na indigência. Tudo posso naquele que me dá forças" (Fl 4,11-13 – grifo meu). É a liberdade interior.

Inspirado no exemplo de Paulo, não tenho dúvidas em afirmar que, ao assumir a mesma atitude de Cristo, a pessoa *é achada* nele. E isso significa a realização do eu. Paulo parece consciente disso: "Não que eu já tenha alcançado tudo isso ou já me tenha tornado perfeito; mas arremeto para tentar alcançá-lo, porque eu mesmo fui alcançado por Jesus Cristo" (Fl 3,12). O ato perene de esvaziamento, um movimento que, por sua própria natureza, nunca se esgota, traduz, na verdade, uma constante afirmação de si.

Mas é necessário perseguir *somente* isso. Assemelhado a Jesus, o indivíduo não tem outra preocupação na vida a não ser, "esquecendo o caminho percorrido e ansiando com todas as forças pelo que está à frente, arremeter rumo à meta, visando ao prêmio ligado ao chamado que, do alto, Deus nos dirige em Jesus Cristo" (Fl 3,13-14). Assim, "seja qual for o ponto a que chegamos, caminhemos na mesma direção" (Fl 3,16).

No fim da vida, ocasião em que escreveu a carta aos Filipenses, a situação de Paulo não era das melhores. Ele estava preso (cf. Fl 1,13). Entretanto, estava visivelmente feliz e convicto: "Ainda que tenha de derramar o meu sangue (...), eu me alegro e vos felicito. Vós outros, também alegrai-vos e regozijai-vos comigo" (Fl 2,17-18).

Quando escreveu a Timóteo, a conjuntura era pior: Paulo estava só (cf. 2Tm 1,15) e se sentia próximo do fim.[53] Seria o desfecho trágico de sua trajetória descendente? A situação redundaria em sentimento interior de fracasso e frustração? Em absoluto. O apóstolo não se envergonha e nem se queixa dos seus sofrimentos (cf. 2Tm 1,12b), acrescentando: "Sei em quem pus a minha confiança, e estou certo de que é assaz poderoso para guardar o meu depósito até aquele dia" (2Tm 1,12c).

Em 2Tm 4,7, Paulo parece entoar um réquiem para si mesmo: "Combati o bom combate, terminei a minha carreira, guardei a fé". Essa expressão equivale à de Cristo: "Tudo está consumado". Duas exclamações que correspondem ao mesmo sentimento interior: o de um "eu" realizado no amor.

Ainda em Filipenses, enfim, depois de dizer como ele fez o mesmo movimento do Verbo, considerando como perda sua condição, para ganhar o conhecimento de Jesus; depois de reconhecer que não alcançou a perfeição, mas alertar que persegue isso com todas as forças e sem nenhuma outra preocupação; depois de tudo, Paulo convoca: "Sede meus imitadores" (Fl 3,17a). Para que fique claro que o mesmo movimento pode ser seguido por todos.

---

[53] Cf. *A Bíblia de Jerusalém*, p. 2115.

# CONSIDERAÇÕES FINAIS

## SOMENTE O AMOR É CAPAZ DE RESTITUIR O HOMEM A SI PRÓPRIO

Apesar de ter demandado, durante muito tempo, bastante esforço de meditação, o esquema apresentado neste livro me parece, hoje, relativamente claro. Fenômeno contemporâneo, a busca pelo autoconhecimento se intensificou porque a responsabilidade por delinear o projeto identitário pessoal foi transferida para o indivíduo, aquilo que outrora era da sociedade. Nessa procura, as pessoas têm feito um percurso excessivamente centrado em si mesmas e, no âmbito religioso, pleiteiam o conhecimento de Deus como consequência do autoconhecimento.

Minha primeira crítica incidiu sobre essa proposição e, por causa disso, advoguei que, pelo contrário, o conhecimento de si mesmo se alcança através do conhecimento de Deus. Dessa forma, se Deus é amor, a identidade essencial do ser humano está contida na proposição que lhe coloca em relação direta com essa verdade, a saber, ele é "o discípulo amado", e este é o núcleo central de sua identidade, em torno do qual devem girar os outros elementos que compõem a pessoa. Não é necessário lembrar que por "amor" deve-se entender a atitude pessoal e perene de esvaziamento na direção do outro.

Uma vez compreendido que o conhecimento de Deus (ou seja, a experiência de Deus) é o elemento fundamental para que o homem conheça-se a si próprio, depreende-se, então, que o encontro consigo mesmo ocorre quando a pessoa reencontra-se com Deus. Daí a proposta – formulada a partir de Lc 15, 11-24 – de que o ser humano retorne para Deus, na qualidade de filho, oportunidade em que ele conhece a face mais estarrecedora do amor: a misericórdia. Foi também a partir da parábola do filho reencontrado que propus *o outro* como a possibilidade concreta de amar a Deus e, consequentemente, conhecer-se a si mesmo, pois "quem ama conhece a Deus" (cf. 1Jo 4,7). O amor do próximo permite a descoberta do segundo elemento do núcleo identitário individual: ser amante.

Na última parte, demonstrei que o ser humano pode realizar-se plenamente como pessoa no amor, ou seja, na ação descendente de esvaziamento, movimento que o assemelha ao Senhor. Destarte, o discípulo amado acolhe em si a identidade de Cristo como se acolhesse a sua própria, pois Cristo "revela plenamente o homem a si mesmo".[54]

Todo o conteúdo deste livro partiu do conceito de amor. Este suscitou uma cadeia de reflexões que, a meu ver, coloca os fundamentos para o autoconhecimento. No entanto, o conceito aqui proposto suscita também alguns pro-

---

[54] CONCÍLIO ECUMÊNICO VATICANO II, *Gaudium et spes*, n. 22.

blemas, que tentei solucionar implicitamente no texto, mas que pontuo a partir de então. A primeira questão, talvez a mais difícil de resolver, é a de como aplicar esse conceito de amor à realidade trinitária. Pois na Trindade não há relativos, ou seja, as três pessoas de Deus são absolutas. Se o amor é rebaixamento, como então pensar num esvaziamento no seio da Trindade?

Uma primeira interpretação faz pensar que João não revela um conceito de amor *na Trindade*, mas apenas o amor de Deus *para com os homens*. A expressão joanina "Nisto consiste o amor" deveria ser entendida, então, como: "Nisto consiste seu amor *por nós*". Todavia, João não diz "nisto consiste seu amor por nós", e sim "nisto consiste *o amor*". No meu parecer, a proposição pretende esclarecer o que é o amor, e não apenas o modo como ele se manifestou em determinado momento. Pois o amor de Deus *por nós* é histórico, uma vez que a existência humana é temporal e não se pode amar o que não existe.

O fato de João apresentar um princípio segundo o qual o amor é esvaziamento não significa necessariamente que os dois polos devam ser um absoluto e outro relativo. A colocação desses elementos serve apenas para esclarecer o conteúdo do amor, o que não ficaria evidente caso João enunciasse um movimento entre dois polos iguais. Há esvaziamento na relação entre as Pessoas da Trindade? Afirmo que sim. Para perceber isso basta observar que o envio do Filho é a ação-tipo que manifesta o amor (cf. 1Jo 4,9). Ora, Deus não manifestaria algo que não fosse Ele mesmo.

Na encarnação, Deus *se tornou semelhante* ao homem. E é precisamente isso que as Pessoas de Deus são: semelhantes. Assim, conforme coloquei no início, ao *se fazerem* semelhantes entre si, as Pessoas da Trindade praticam esvaziamento voluntário, ainda que isso se faça entre três princípios absolutos. *No seio da Trindade, o amor é atitude pessoal e perene de fazer-se semelhante.* Os dois conceitos não se opõem, mas se complementam.

A segunda questão suscitada diz respeito ao amor a si mesmo. Se o amor é esvaziamento na direção do outro, como se pode falar de amor a si mesmo? De acordo com a conceituação aqui apresentada, *não há como falar de amor a si mesmo*. Acredito que a formulação "amar ao próximo como a si mesmo" deve ser entendida a partir de seu contexto: sua construção está de acordo com as categorias mentais do homem veterotestamentário e busca expressar de modo compreensível a atitude que um ser humano deve ter em relação ao outro.

Em outras palavras, ela deve ser compreendida no sentido de que as atitudes que o indivíduo espera que lhe sejam dirigidas pelos outros devem ser assumidas por ele mesmo em relação *aos* outros (cf. Lc 6,31). Tal proposição dificilmente seria apreendida se dita de outra maneira, pois ela se vale do instinto de sobrevivência presente no homem. "As palavras *como a ti mesmo* significam: é preciso amar o próximo totalmente, *de todo o coração*. Disso não se deve entender uma recomendação a amar primeiro a si mesmo, para depois ou igualmente amar o próximo."[55]

---

[55] *Bíblia – Tradução Ecumênica*, p. 1903.

Além disso, é notório que Jesus aperfeiçoou a Lei também nesse ponto, formulando o mandamento de outra maneira: "Amai-vos uns aos outros *como eu vos amei*" (Jo 15,12 – grifo meu). Não é necessário dizer de novo o modo como Jesus amou. Portanto, a meu ver, o amor a si mesmo – o amor como aqui conceituado – simplesmente não existe. Hoje em dia, ele pode ser interpretado como *a aceitação* que alguém tem de si, como satisfação diante de uma condição ontológica positiva; mas não como uma atitude concreta.

Não raras vezes, quando ministrei ensinos sobre esse tema, algumas pessoas lançaram a terceira questão problemática a qual devo me referir. Ela é suscitada no momento em que estabeleço o outro como a possibilidade concreta de amar a Deus. As pessoas perguntam: "E os eremitas?". A preocupação procede, pelo fato de que a vida anacorética está presente entre os modelos de vida do cristianismo e é oficialmente reconhecida pela Igreja.[56]

A vida solitária pode alcançar o amor a Deus pela via teológica da Encarnação. Enunciei isso no princípio do capítulo quarto deste livro: quando o Verbo se fez carne, ele se relativizou e, portanto, deu a possibilidade de que alguém se esvaziasse na direção de Deus. No entanto, considero isso uma forma excepcional de amar a Deus. Não é a via ordinária e nem a mais nobre, por incrível que pareça. A propósito disso, é fato conhecido que a vida anacorética em larga escala

---

[56] Cf. *Código de Direito Canônico*, can. 603.

foi, na verdade, uma espécie de transição para a vida cenobítica, a partir da consciência que foram ganhando os mestres espirituais do deserto a respeito dos perigos da vida solitária. São Pacômio, por exemplo, em certo momento de sua experiência, estava convencido das grandes dificuldades que cercavam os anacoretas para chegarem à perfeição cristã.[57]

Por fim, quero reafirmar minha convicção de que essas constatações ajudam a compreender quem é Deus para que, a partir de então, o ser humano possa percorrer o caminho do autoconhecimento. Pois só o amor, tal como definido aqui, pode levar a termo a identidade de alguém. Nas palavras de João Paulo II: "Somente o amor é capaz de restituir o homem a si próprio".[58]

Apesar disso, não convém esquecer que esse conhecimento é ainda imperfeito. As incompletudes humanas limitam a apreensão da realidade de Deus: "Hoje, vemos como por um espelho, confusamente; mas então veremos face a face. Hoje conheço em parte: mas então conhecerei totalmente, como eu sou conhecido" (1Cor 13,12).

Na eternidade, os homens *se farão* semelhantes uns aos outros. Será o resgate do plano original de Deus: fazer o homem a sua imagem e semelhança, pois Deus é atitude pessoal e perene de *se fazer* semelhante. Conforme afirma São João: "Caríssimos, desde agora somos filhos de Deus, mas o que

---

[57] Cf. Victor CODINA, Noé ZEVALLO, *Vida religiosa*, p. 30. Uma das indagações de Pacômio é: "Como posso praticar a caridade fraterna se não há com quem?".
[58] Cf. *Dives in misericordia*, n. 14.

seremos ainda não se manifestou. Sabemos que, quando ele aparecer, *seremos semelhantes a ele*, já que o veremos tal como é" (1Jo 3,2 – grifo meu).

Os homens não serão deuses, mas serão *como* Deus (cf. 1Cor 15,28). Não haverá nada nos bem-aventurados que substancialmente se oponha a Deus. Se não há oposição em nada é porque são semelhantes a Ele. É a perfeição. Acontecerá "uma unificação do ser humano com Deus – o sonho originário do ser humano –, mas essa unificação não é confundir-se, um afundar no oceano anônimo do Divino; é unidade que cria amor, na qual ambos – Deus e o ser humano – permanecem eles mesmos, mas tornando-se, plenamente, uma coisa só".[59]

---

[59] BENTO XVI, *Deus caritas est*, n. 10.

## APÊNDICE

# CHAMEI-VOS AMIGOS
# VIDA FRATERNA E AMIZADE CRISTÃ

*Vós sois meus amigos se fazeis o que vos mando. Já não vos chamo servos, porque o servo não sabe o que faz seu senhor. Mas chamei-vos amigos, pois vos dei a conhecer tudo quanto ouvi de meu Pai. O que vos mando é que vos ameis uns aos outros* (Jo 15,14-15.17).

### O fundamento da vida fraterna

Qual é o primeiro fundamento da vida fraterna? Essa é uma questão que emerge quando se propõe uma reflexão sobre ela. Afinal, a experiência cristã da vida em comunidade deve solidificar-se sobre algo concreto, e não sobre motivações utópicas. Apesar de todo o idealismo com que se reveste o sonho de viver unidos, ele deixaria de ser uma meta se fosse irrealizável.

A meu ver, *o primeiro fundamento da vida fraterna é a diferenciação*.[60] Dizendo de outra forma: as diferenças colocam a base da convivência. É sobre elas que se constrói um edifício humano e espiritual capaz de transparecer para o mundo a comunhão fraterna. Numa comunidade realmente fraternal, a diferenciação é o que menos aparece para o mundo,[61] mas é experimentada de maneira muito concreta, apresentando-se para cada membro como uma realidade intrínseca à própria vida comunitária.

Afirmar que a diferenciação está na base da vida fraterna é compreender em primeiro lugar que cada pessoa é chamada por Deus para conviver e *tornar-se um* com pessoas que pensam a partir de premissas diferenciadas e, portanto, tendem a agir de forma individualizada e às vezes inesperada. Sem essa compreensão, os membros de uma comunidade se debaterão uns com os outros, tendo como elemento principal desses embates a expectativa de que o outro aja conforme se espera. Pode acontecer também que alguns membros, para tornar possível a convivência com os outros diferentes, persigam um ideal de uniformidade que agride a individualidade de cada um, pois, dessa maneira, as pessoas tentariam ser o que efetivamente não são.

---

[60] No caso da vida religiosa, pode-se pensar que esse elemento é o carisma do instituto; mas isso apenas uma impressão inicial, que está equivocada. Apesar do importante papel que exerce o carisma na construção da fraternidade de um instituto, este não é seu elemento fundante, pois a vida fraterna antecede o carisma histórica e teologicamente.

[61] O fato de aparecer pouco comprova que o lugar das diferenças é *no alicerce* da vida fraterna.

Em segundo lugar, a consciência de que o que está na base de todo edifício fraterno são as diferenças obriga cada membro da comunidade a fazer-se um sem a pretensão de *ser um* em sentido pleno, ou seja, alcançar uma natureza individual única, que seria *de per si* ilusória. A fé em Jesus potencializa a unidade, mas não elimina as diferenças. Uma comunidade que suprimisse as personalidades individuais (se isso fosse possível) seria um sistema impessoal no qual os indivíduos, de certa maneira, deixariam de existir, dando lugar a uma funcionalidade fria e amorfa.

O panorama pós-moderno realça e torna ainda mais verdadeira a afirmação de que a diferenciação é o primeiro fundamento da vida fraterna. A sociedade contemporânea é marcada pelo pluralismo ético e identitário, beirando certa fragmentação do sujeito. Dessa maneira, qualquer pretensão de constituir um todo uniforme é, nas circunstâncias atuais, não só ilusória como pouco inteligente. O pluralismo no plano secular reflete-se na heterogeneidade das comunidades.

*Fazer-se um* é um movimento constante que só se alcança pelo amor, ou seja, pela capacidade de esvaziar-se de si mesmo e *tornar-se semelhante*, num esforço contínuo de compreender e assumir as categorias de pensamento e ação do outro. Esforço que é transformador por sua própria natureza, que não acomoda o outro em sua fraqueza, mas que o provoca à mudança; ou seja: suscita novas atitudes de amor, gerando um ciclo fecundo e ao mesmo tempo dinâmico.

O caráter cíclico do amor faz com que ele jamais acabe no interior da comunidade. Pois ele "tudo perdoa, tudo crê, tudo espera e tudo suporta" (cf. 1Cor 13,7). Essas são as características propriamente *ativas* do amor, segundo São Paulo. Em sua conhecida apologia à caridade, os qualificativos apontados entre os versículos 4 e 6 do capítulo 13 da Carta aos Coríntios são, em sua maioria, formulados em termos daquilo que o amor *não* é. Essa conotação passiva é amenizada apenas quando Paulo indica o amor como sendo paciente, bondoso (ou prestativo) e se regozijando com a verdade; mas, ainda assim, isso não está formulado com a mesma veemência presente no versículo sete.

Dessas quatro dimensões ativas do amor – perdoar, crer, esperar e suportar – as duas últimas precisam ser particularmente reforçadas. Isso porque, nos dias atuais, as pessoas não têm dificuldades de compreender que a fé perseverante em algo alcança objetivos. Do mesmo modo, elas sabem da necessidade de dar perdão aos outros. Por isso, também poderão compreender com certa facilidade que o amor tudo crê e tudo perdoa.

Fala-se comumente em "acreditar até o fim", perseguir os sonhos e desejos, não faltando depoimentos de pessoas que comprovaram a eficácia de acreditar sem desanimar.[62] Assim também, muita gente tem se dado conta do valor do perdão para o equilíbrio interior e até para a saúde física. Não faltam conselhos de psicólogos e especialistas em autoajuda,

---

[62] Embora certamente existam muito mais pessoas que não alcançaram o que desejavam e que, por causa disso, não servem como exemplo numa sociedade que promove a perseverança em torno de metas de consumo e sucesso pessoal.

demonstrando os benefícios interiores de estar em paz consigo mesmo e com os outros. Essa perspectiva, no entanto, é carregada de motivações egoístas: perdoa-se não porque o outro deve ser perdoado, e sim para que a própria pessoa não sofra consequências do ódio ou do ressentimento.[63]

De qualquer maneira, essas duas perspectivas criam um cenário onde se torna fácil compreender as dimensões da fé e do perdão presentes no amor. Quanto às dimensões de esperar e suportar, para esses qualificativos não há propensão. No mundo contemporâneo, esperar é uma praga. As pessoas não têm tempo para isso, nem mesmo o suportam. Existem até leis que regulam o tempo de espera de um cliente em uma instituição bancária, por exemplo. As melhores empresas são aquelas que conseguem fornecer um produto ou serviço bom, no menor espaço de tempo. Esperar, nunca! Suportar, ainda menos! Qual a razão para tolerar determinadas coisas ou pessoas? Afinal, todos têm o direito de ser felizes e, portanto, de retirar de seu caminho aqueles que são *insuportáveis*.

Mas o amor não é fragmentado. Esperar e suportar: eis duas dimensões do amor que estão no cerne da mensagem de Jesus e que fazem parte da relação do homem com Deus, consigo mesmo e, sobretudo, com os outros. Na vida fraterna, esperar e suportar são duas atitudes capitais. Esperar o tempo do outro, ter paciência com ele, ajudá-lo a crescer. Plantar e

---

[63] Evidentemente, é legítimo que se recorra a tais argumentos para incentivar as pessoas a perdoarem, mas esse gesto cristão comporta maior grau de altruísmo, conforme foi visto no capítulo quatro deste livro.

regar a relação, esperar amadurecer. Durante esse tempo, suportar: suas dificuldades, questionamentos, exigências e até seus pecados. Tudo por amor. Dessa maneira, a comunidade não será mero "sino que ressoa", mas comprovação explícita da força imorredoura do Evangelho de Cristo.

Na Sagrada Escritura há um texto profundamente questionador quanto a isso. Descrevendo o comportamento dos indivíduos da primeira comunidade cristã, Lucas esclarece que "eles mostravam-se assíduos ao ensinamento dos apóstolos, à comunhão fraterna, à fração do pão e às orações". E continua: "Todos os que tinham abraçado a fé reuniam-se e punham tudo em comum; vendiam suas propriedades e bens e dividiam-nos entre todos, segundo as necessidades de cada um. Dia após dia, unânimes, mostravam-se assíduos no Templo e partiam o pão pelas casas, tomando o alimento com alegria e simplicidade de coração" (At 2,42.44-46).[64] Esse panorama é apresentado pela narrativa de Lucas como um estilo de vida imediatamente decorrente da experiência de Pentecostes.

Alguns afirmam que esse painel é, na verdade, um quadro ideal – talvez *idealizado* – da vida fraterna pós-pentecostes. Dessa maneira, ele seria apenas uma referência utópica, sem possibilidade de ser encontrado em sua forma pura. Essa interpretação é bastante procedente, principalmente quando se considera a impossibilidade de se aplicar a partilha dos

---

[64] Quadro análogo encontra-se mais adiante em At 4,32: "A multidão dos que haviam crido era um só coração e uma só alma. Ninguém considerava exclusivamente seu o que possuía, mas tudo entre eles era comum".

bens materiais – tal como indicada por Lucas – em circunstâncias históricas concretas.

Entretanto, discordo de que Lucas tenha traçado esse quadro com base em abstrações conceituais, ainda que evangélicas. Seu olhar é sobre a realidade, e não sobre as quimeras. Para mim, é difícil imaginar que um autor como Lucas, preocupado com a autenticidade das fontes históricas e com o relato dos acontecimentos, tenha feito um parêntese justamente no momento de expor algo tão importante para as gerações futuras dos cristãos.

A narrativa lucana, tanto nos *Atos* como no evangelho, parece seguir uma trajetória real. Não é poesia o que ele escreve, mas *testemunho*. Lucas não ignora as tensões existentes na comunidade. Exemplo emblemático disso é a narração do episódio de Ananias e Safira, personagens cuja mesquinhez ele parece querer contrastar com a generosidade de Barnabé (cf. At 4,36–5,11). Dessa maneira, o autor dos *Atos* evidencia as diferenças existentes na comunidade até em matérias essenciais para a organização interna.

Como elucidar esse impasse? Acredito que Lucas construiu sua narrativa baseada na contemplação do *fenômeno* (em sentido filosófico) da vida fraterna, ou seja, daquilo que aparece como realidade decorrente da realidade em si: a diversidade vivida no amor. Os irmãos *se faziam* semelhantes. Por isso, aparecia para o mundo a beleza da unidade. Isso implica dizer que a diversidade já contém a unidade em potencial e que as diferenças, apesar de não constituírem *toda* a vida fraterna, estão em sua gênese. Implica também dizer que as diferenças são a base da estrutura da vida fraterna e, como tal, nem é o que aparece de forma mais evidente. Mas elas estão lá, e é sobre elas que a unidade é edificada. Não sobre elas enquanto tais, pois a diversidade necessita do movimento do amor – fazer-se um – para transformar-se em comunhão fraterna. E também necessita da incidência do Espírito Santo sobre a vida das pessoas.

O que a incidência do Espírito faz? Gera as diferenças? Não. Elas já existem. Faz com que se aproximem? Também não: elas se aproximam por si mesmas. Diferenças somente aproximadas criam apenas partidos e desavenças. Então, o Espírito elimina as diferenças? Muito menos ainda. O que, então? A incidência do Espírito na vida da comunidade *transfigura* as diferenças. Em sentido literal, transfigurar significa mudar de figura. Mas não é propriamente isso que acontece com a vida fraterna como fruto da ação do Espírito Santo. O que ocorre é que *a comunidade transcende sua diversificação*, emergindo uma unidade que não é apenas aparente, mas real. A comunidade chega à comunhão *sem deixar de ser diversa*. Foi esse fenômeno que Lucas descreveu. O quadro, portanto, não é o resultado de seu idealismo, mas de sua contemplação da realidade transfigurada da comunidade cristã.

"Transfigurar" aqui assume a conotação expressa em Mt 17,1-8. Nesse episódio, Jesus subiu à montanha com Pedro, Tiago e João, *transfigurando-se* diante deles: "Seu rosto resplandeceu como o sol, e suas vestes tornaram-se alvas como a luz" (v. 2b). Mas suas características individuais permaneceram; ele não se tornou irreconhecível. Jesus permaneceu sendo *alguém*, porém sua imagem transcendeu sua humanidade. Considero essa realidade perfeitamente possível na vida fraterna: a gestação de uma comunidade cujo rosto aparece *para além* de suas diferenças, realidade que nada mais é senão o próprio rosto de pentecostes (cf. At 2,1-4).

O traço fundamental de pentecostes é a reunião de diferenças: "Chegando o dia de pentecostes, estavam todos reunidos no mesmo lugar" (v. 1). Essa é a "matéria prima" para a obra do Espírito. O rosto de pentecostes é a imagem transfigurada dessa mesma comunidade reunida: "Ficaram todos cheios do Espírito Santo" (v. 4). A força de pentecostes são seus sinais: "De repente veio do céu um ruído, como se soprasse um vento impetuoso" (v. 2). Eles chamam a atenção da multidão para a comunidade reunida e transfigurada. As consequências de pentecostes são múltiplas, mas a maior delas é a vida fraterna.

O acontecimento da transfiguração reserva, ainda, algo surpreendente: em certo momento, os discípulos erguem os olhos e não veem mais Moisés e Elias, mas Jesus *sozinho*. Esse recorte induz a pensar que *a solidão também é componente da vida fraterna*. Faz parte de sua própria natureza e não é uma distorção ou carência dela. Assim, momentos de solidão e deserto devem ser vividos por cada membro da comunidade como espaços privilegiados de transcendência, e não como uma ausência dos irmãos ou como uma insuficiência, de vida fraterna.

A solidão é o elemento pelo qual se percebe que por mais intenso, sadio e gostoso que seja viver em comunidade, os irmãos jamais serão capazes de preencher a saudade que cada um tem do Infinito. Há um lugar de encontro pessoal e único com Deus, um lugar deserto, só de Deus: "Eu o conduzirei para o deserto e lhe falarei ao coração" (Os 2,16).

Em resumo, o primeiro fundamento da vida fraterna é a diferenciação.[65] A partir daí, os irmãos *se fazem um* com a força do Espírito Santo. Este é, por assim dizer, o construtor do edifício espiritual da fraternidade. A construção é a unidade que aparece para o mundo, como *fenômeno* de uma comunidade de irmãos diferentes que se amam.

## A amizade cristã[66]

A vida fraterna implica necessariamente que todos sejam amigos? Parece evidente que o mandamento do amor inclui a todos: é a todos que se deve amar. Mas isso significa que a relação de amizade propriamente dita deve existir indistintamente entre os membros de uma comunidade cristã? Em outras palavras: é necessário que todos os que se amam sejam *amigos* entre si?

A resposta para essas questões só pode ser obtida através da indicação do que seja a amizade cristã, ou seja, da formulação de um conceito para "amizade", assim como se estabe-

---

[65] Outro fundamento da vida fraterna é a compreensão de que é o amor de Cristo que une uma comunicade. Cf. CONGREGAÇÃO PARA OS INSTITUTOS DE VIDA CONSAGRADA, *A vida fraterna em comunidade*, p. 5.
[66] Agradeço o interesse e a partilha de Elisângela Diniz, que muito me ajudaram na elaboração dessa parte.

leceu um conceito de "amor". Esses dois conceitos não estão dissociados; diria mesmo que eles estão imbricados, mas o liame entre eles precisa ser percebido. O amor e a amizade não são a mesma coisa. Se amor e amizade fossem a mesma coisa, não seria possível amar os *inimigos*. Assim, o amor é maior do que a amizade, pois o mandamento fundamental de Jesus é "amai-vos", e não "sede amigos".

O texto do evangelho de São João, citado em epígrafe neste apêndice, oferece a pista para que se torne possível chegar a um conceito de amizade cristã. Nele, Jesus considera os discípulos como seus amigos "porque vos dei a conhecer tudo quanto ouvi de meu pai". Isso indica que a chave para o entendimento do que significa a amizade está no *conhecimento* do amor.

Note-se que, segundo Jesus, o servo *não sabe* o que faz o Senhor. Ainda que este o ame intensamente, aquele permanece ignorante quanto a este amor. O que distingue o amigo do servo é exatamente a *descoberta* daquilo que o Senhor faz: amar. Portanto, a *amizade cristã é a ação pessoal em que o sujeito dá a conhecer ao outro o amor que a ele dedica*. Essa ação pode ser mais ou menos intensa, o que determina a durabilidade e os predicados da amizade.

A amizade cristã é uma epifania de amor. No clássico texto de Eclo 6,1-17 há um versículo que confirma isso: "Um amigo fiel é uma poderosa proteção; *quem o achou, descobriu um tesouro*" (v. 14 – grifo meu). Pode-se dizer que um amigo foi encontrado, quando o amor presente num sujeito em relação a outro é percebido por este.

A amizade cristã é *amor comunicado*. Essa comunicação tem um imenso potencial de cura e está reservada para aqueles que temem ao Senhor: "Um amigo fiel é um remédio de vida e imortalidade; *quem teme ao Senhor, achará* esse amigo" (Eclo 6,16 – grifo meu). A verdadeira amizade depende do amor, pois não há comunicação se não existe algo a ser comunicado. No caso, se não há amor, não pode haver amizade.

Por outro lado, para que a amizade se caracterize é preciso que a comunicação seja *compreendida* pelo sujeito que a recebe. Isso já qualifica o amor como amor de amizade. Entretanto, para que ela seja consumada, é necessário também que aquele que recebe, aceite e acolha essa comunicação e, por sua vez, também comunique seu amor. Nesse momento, gera-se uma *relação* de amizade (ou uma amizade consumada). Ela se estabelece sempre entre duas pessoas que se amam mutuamente e também mutuamente dão a conhecer esse amor.

Toda comunicação de amor incide sobre os *sentimentos*. Quando essa comunicação é acolhida mutuamente, é então que se gera um vínculo *afetivo*. É por isso que a amizade consumada contém necessariamente aquele aspecto envolvente e agradável que se faz presente no interior da relação: *sentir* amor. Um amigo gosta do outro e de bom grado faz tudo o que faz em sua direção.

Contudo, a amizade não contém apenas sentimentos e palavras. Se o amor é atitude e a amizade é a comunicação do amor, então *os atos* é que devem ser comunicados. Reconhece-se um amigo por suas ações, e não por seu palavreado lisonjeador. O Eclesiástico recomenda: "Se adquirires um amigo, adquire-o na provação, não confies nele tão depressa" (6,7). Nesse sentido, a amizade deve ser discernida cautelosamente e comprovada em momentos difíceis.

A conceituação de amizade permite responder às questões propostas anteriormente. Se: a) a amizade não é o amor, mas sua comunicação; b) o mandamento de Jesus é "amai--vos", e não "sede amigos"; c) para que a amizade seja consumada, é necessário que a comunicação do amor seja acolhida mutuamente; e d) a amizade envolve sentimentos. Então: o amor é normativo, mas a amizade é espontânea. Ela está normalmente presente no interior da vida fraterna, mas nem todos os irmãos são amigos, porque não é entre todos que se estabelece uma relação de comunicação recíproca do amor, embora todos devam *se amar*. Como afirma Giordano Cabra: "Uma amizade é um vínculo do coração e, portanto, não pode ser imposta. Isso não significa, no entanto, abrir mão da vida fraterna generalizada. Se a amizade não é devida a todos, porque nem todos podem estar próximos com a mesma afinidade, entretanto devemos a todos o amor de ágape, porque a todos devemos a honra de nosso serviço, nosso respeito e nossa atenção".[67]

Assim, enquanto o amor é devido a todos, *os amigos são escolhidos*. Talvez não seja à toa que, logo após dizer que os discípulos são seus amigos, Jesus tenha acrescentado: "Não

---

[67] *Por uma vida fraterna*, p. 59-60.

fostes vós que me escolhestes, mas *eu vos escolhi* a vós e vos constitui para que vades e produzais fruto, e o vosso fruto permaneça" (Jo 15,16 – grifo meu). Jesus é amigo de todos, porque a todos comunicou seu amor. Mas nem todos são amigos de Jesus, pois nem todos fazem o que ele manda (cf. Jo 15,14). Fazer o que Jesus manda (amai-vos uns aos outros) é a forma que a pessoa tem de comunicar seu amor a Deus e, portanto, estabelecer com ele uma relação de amizade.

Nessa expressão de Jesus aparece também uma outra dimensão da amizade: sua *missão*. Toda autêntica amizade produz fruto; esse é seu caráter propriamente missionário, pois esses frutos não beneficiam apenas os dois amigos, mas transbordam para os outros e os cativam. Este é o critério para discernir uma verdadeira amizade: seus frutos e seu caráter transbordante e aberto. Pois a amizade provém do amor, e o amor não é fechado em si nem numa relação marcada pela possessividade, dependência ou exclusivismo.

Apesar de muito parecida em sua epiderme, a amizade cristã é radicalmente diferente da amizade no entendimento secular. Esta é sentida como uma relação fechada, cheia de segredos. No mundo, os amigos sempre se compreendem no sentido de que se apoiam em seus argumentos, ainda que mentirosos. A amizade cristã, porque nasce do amor, está fundamentada na verdade.

Nesse sentido, *a amizade está a serviço da vida fraterna*, pois ela é uma constante comunicação de amor que gera frutos. Onde o amor é comunicado, ele se revela ainda com mais intensidade e, por causa disso, incentiva outros a se amar. "A amizade é digna de apreço e deve ser encorajada, mas não pode servir de pretexto para criar círculos que possam transformar-se em ilhas que efetivamente acabam por isolar os outros. Todos irmãos, alguns amigos, nenhum amigo 'equivocado': essa é a grande tradição do caminho cristão e da vida em especial, que é mantida não obstante as fraquezas e a vulnerabilidade da natureza humana."[68]

Em síntese: o amor em si é atitude; o amor comunicado é amor-amizade; e a amizade consumada é quando essa comunicação é recíproca. Esta última envolve sentimentos e tem um caráter missionário, pelos frutos que gera para toda a vida fraterna. É no sentido de "amizade consumada" que se diz que na vida fraterna cada sujeito escolhe apenas alguns amigos.

A amizade acaba quando o amor deixa de ser comunicado ou quando essa comunicação deixa de ser compreendida e retribuída por um dos agentes. Mas também a amizade está posta em risco quando perde seu caráter missionário. Posta em risco porque ainda pode ser recuperada se voltar a dar frutos para além do interior da relação.

De certa maneira, a amizade é um componente da vida fraterna. Há uma tendência no amor a se tornar amizade, pois o amor é naturalmente epifânico. Amando, o sujeito não se contém em si e, de certa maneira, faz-se amigo de todos. Mas ele sabe que o amor, tal como foi conceituado aqui, é o que mais importa e, por isso, faz tudo para amar. Ainda que isso coloque em risco algumas amizades consumadas.

---

[68] Ibid., p. 61.

# BIBLIOGRAFIA

BENTO XVI. *Deus caritas est*. 8ª ed. São Paulo: Paulinas, 2007.

*Bíblia de Jerusalém*. Tradução do texto em língua portuguesa diretamente dos originais. São Paulo: Paulinas, 1987.

*Bíblia do Peregrino*. Tradução e notas de Luís Alonso Schökel. São Paulo: Paulus, 2002.

*Bíblia Sagrada*. Tradução dos originais mediante a versão dos monges de Maredsous (Bélgica). 58ª ed. São Paulo: Ave--Maria, 1987.

*Bíblia – Tradução Ecumênica*. São Paulo: Loyola, 1994.

BROWN, R. E. *A comunidade do discípulo amado*. São Paulo: Paulinas, 1983.

CABRA, Giordano. *Por uma vida fraterna*. Tradução Alda da Anunciação Machado. São Paulo: Loyola, 2003.

*Catecismo da Igreja Católica*. 3ª ed. Petrópolis: Vozes, São Paulo: Paulinas, Loyola, Ave-Maria, 1993.

CENCINI, Amedeo. *Amarás o Senhor teu Deus*: psicologia do encontro com Deus. 3ª ed. São Paulo: Paulinas, 1989.

*Código de Direito Canônico*. Tradução: Conferência Nacional dos Bispos do Brasil. Notas, comentários e índice analítico: Jesús Hostal. 2ª ed. ver. amp. com a legislação complementar da CNBB. São Paulo: Loyola, 1987.

CODINA, Victor; ZEVALLO, Noé. *Vida religiosa*: história e teologia. Tradução de Jaime A. Clasen. Petrópolis: Vozes, 1987 (Coleção Teologia e Libertação, IX).

COMUNIDADE CATÓLICA SHALOM. *Enchei-vos*: seminário de vida no Espírito (estudos bíblicos). Fortaleza: Shalom, s/d.

CONCÍLIO ECUMÊNICO VATICANO II. *Gaudium et spes*. In. Compêndio do Vaticano II. Constituições, Decretos e Declarações. Coordenação Geral de Frei Frederico Vier, OFM. 21ª ed. Petrópolis: Vozes, 1991.

CONGREGAÇÃO PARA OS INSTITUTOS DE VIDA CONSAGRADA. *A vida fraterna em comunidade*. São Paulo: Paulinas, 1994.

FORESI, Pasquale. *Meditações para o homem de hoje*. Vargem Grande Paulista-SP: Cidade Nova, 1988.

GRÜN, Anselm. *Oração e autoconhecimento*. 3ª ed. Tradução de Carlos Almeida Pereira. Petrópolis: Vozes, 2004.

_____. *O céu começa em você*: a sabedoria dos padres do deserto para hoje. 10ª ed. Tradução de Renato Kirchner. Petrópolis: Vozes, 2004.

_____. *A oração como encontro*. 2ª ed. Tradução de Renato Kirchner e Jairo Ferrandin. Petrópolis: Vozes, 2001.

JOÃO PAULO II. *Carta às famílias*. São Paulo: Loyola, 1994. (Documentos Pontifícios).

_____. *Dives in misericordia*. Disponível em: www.vatican.va. Consulta em 29 de março de 2008.

LELOUP, Jean-Yves. *O evangelho de João*. Tradução de Guilherme João de Freitas Teixeira. Petrópolis: Vozes, 2000.

NOGUEIRA, Maria Emmir Oquendo. "Afinal, o que é amar?" In. *Shalom Maná*, n. 126. Fortaleza: Shalom, setembro de 2003.

RATZINGER, Joseph. *Jesus de Nazaré*: primeira parte: do batismo no Jordão à transfiguração. Trad. José Jacinto Ferreira de Farias. São Paulo: Planeta, 2007.

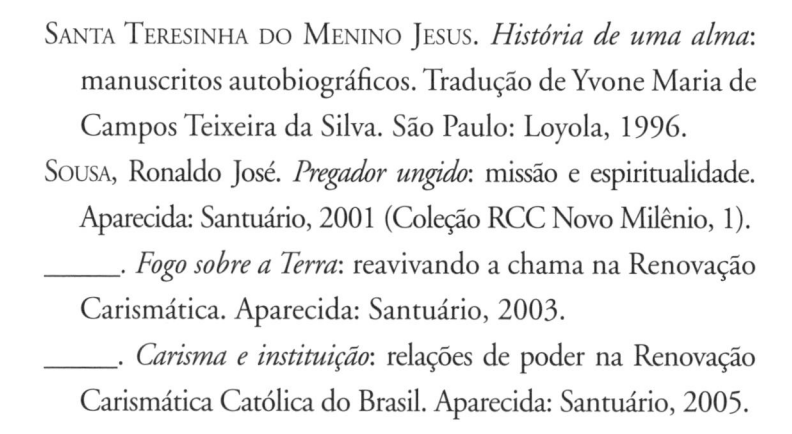

Santa Teresinha do Menino Jesus. *História de uma alma*: manuscritos autobiográficos. Tradução de Yvone Maria de Campos Teixeira da Silva. São Paulo: Loyola, 1996.

Sousa, Ronaldo José. *Pregador ungido*: missão e espiritualidade. Aparecida: Santuário, 2001 (Coleção RCC Novo Milênio, 1).

_____. *Fogo sobre a Terra*: reavivando a chama na Renovação Carismática. Aparecida: Santuário, 2003.

_____. *Carisma e instituição*: relações de poder na Renovação Carismática Católica do Brasil. Aparecida: Santuário, 2005.

Email do autor
ronaldojosesousa@bol.com.br

Este livro foi composto com as famílias tipográficas Frutiger e Adobe Garamond
e impresso em papel Offset 75g/m² pela **Gráfica Santuário.**